Todos queremos ser amados

Una perspectiva espiritual
sobre el amor, el sexo y las relaciones

Neroli Duffy
y Peter Duffy

BASADO EN LAS ENSEÑANZAS DE
Elizabeth Clare Prophet

DARJEELING PRESS
Emigrant (Montana)

Índice

Índice

Todos queremos ser amados

El ímpetu que me llevó a compilar un libro sobre amor, sexo y relaciones surgió de una animada conversación durante una tarde de verano con un grupo de chicas adolescentes sobre el tema de salir con chicos. Querían evitar las dificultades de las relaciones y encontrar un enfoque superior sobre el amor.

Hablamos de amor, de salir con chicos, del matrimonio, de encontrar la pareja adecuada en la vida, de lo que les preocupaba del SIDA y las enfermedades de transmisión sexual, y de qué razones hay para esperar hasta el matrimonio para tener relaciones sexuales. Pronto se nos acabó el tiempo y me quedé deseando haber tenido un librito que darles como respuesta a las muchas preguntas sobre las que no tuvimos tiempo de hablar.

A raíz de la conversación, me quedó grabada su sinceridad y su deseo de encontrar un amor verdadero. También fui consciente de las dificultades que les esperaban en el camino. Al día siguiente me encontré con otra adolescente que me habló de su receta para una vida feliz: tener a alguien a quien amar y que nos ame, tener algo que hacer y tener algo que nos dé expectativas de futuro. Al marcharse me dijo: «Todos queremos ser amados». Sus palabras se me quedaron grabadas: *todos queremos ser amados.*

La mayoría de nosotros sentimos una necesidad de relacionarnos con al menos una persona de una forma muy personal e íntima. Todos queremos ser amados. Sin embargo, a todo nuestro alrededor vemos matrimonios y relaciones con problemas porque la gente busca amor desesperadamente y no lo encuentra. Vemos que muchas personas se conforman con menos, se conforman con el sexo cuando lo que buscan en realidad es amor. Conformarse con menos es la causa de mucho dolor y muchos pasos hacia atrás en el sendero de la vida.

Espero que los conceptos que se presentan en este libro den la esperanza de que es posible encontrar el verdadero amor, que es una meta a la que aspirar, algo que se puede conseguir. No hace falta conformarse con menos.

Tengo la esperanza de que este mensaje llegue a inspirar a muchos a buscar y encontrar el amor que siempre supieron que está esperándoles, quizá a la vuelta de la esquina en el camino de la vida.

Introducción

Cómo amemos y a quién amemos es algo que puede tener un gran efecto durante el curso de nuestra vida. Cómo médico y ministra religiosa, he observado las decisiones que la gente ha tomado en su vida, en el amor y en las relaciones. También he observado esas mismas decisiones en mi propia vida; y ahí es donde voy a empezar.

Desde pequeña siempre creí que existía una persona especial para mí. Al mirar atrás, parece que siempre estaba buscando amor, y la búsqueda de la persona amada supuso una necesidad imperiosa en mi interior, desde una edad muy temprana. Recuerdo cuando estaba en el patio de la escuela, mirando la cara de los muchachos, preguntándome mientras buscaba ese par de ojos especial: *¿Será ese? ¿Será ese?*

Afortunadamente tuve unos padres que me enseñaron la naturaleza espiritual del amor. No solo me dieron un ejemplo de relación amorosa demostrándolo, sino que lo que me explicaron sobre qué ocurre espiritualmente en las relaciones me ayudó en las decisiones que más tarde tendría que tomar en la vida.

Mi padre fue soldado en el Pacífico durante la Segunda Guerra Mundial y después fue policía. Había visto muchas cosas en el transcurso de su trabajo y trató de transmitirme algunas lecciones que había aprendido. Nunca olvidaré una conversación que tuvimos una tarde, al crepúsculo, mientras atravesábamos Fremantle, en Australia Occidental, ciudad en que nací. Yo era

1

una estudiante de secundaria de dieciséis años.

Mi padre y yo frecuentábamos a menudo nuestro restaurante italiano favorito y nos sentábamos afuera con un capuchino, y mirábamos el mundo pasar. A veces caminábamos por las calles cerca del museo de Fremantle. Pero esta vez atravesamos con el auto nuestras zonas preferidas para dirigirnos hacia una parte de la ciudad más sórdida. Mi padre quería enseñarme dónde vivían y trabajaban las prostitutas.

Yo no sabía que existía esa zona de Fremantle. Actualmente es una zona que está de moda, con tiendas y boutiques, pero entonces era una zona de callejones pertenecientes al viejo puerto. Sentí como si entráramos en otro mundo. Al pasar al lado de los edificios de los burdeles vi mujeres jóvenes, de mediana edad e incluso mujeres mayores apoyadas en las ventanas y contra las puertas, y se me partió el corazón. Aunque algunas de ellas iban bien vestidas y maquilladas, no era difícil ver el dolor en sus ojos y el letargo de su espíritu. Algunas parecían acostumbradas y endurecidas. En algunas de ellas percibí una hostilidad que hizo que me alegrara de estar segura en el auto con mi padre.

Él me explicó que esas mujeres se veían cansadas y envejecidas prematuramente porque habían gastado la luz de su aura. Esta debe ser almacenada en los centros espirituales del cuerpo, puesto que tenemos una cantidad limitada de luz. Cuando la gastamos al abusar de la energía sexual, no la podemos recuperar.

Mi padre me explicó que los lazos matrimoniales forman un círculo protector en la unión del hombre y la mujer y en el intercambio de la energía sexual. También me dijo que aquellas mujeres no solo estaban perdiendo su propia energía vital, sino que también asimilaban un poquito de todas las personas con las que se acostaban. Aún más, también asimilaban un poquito de aquellos con quienes esas personas, a su vez, se habían acostado. Con el tiempo esto sería una gran carga para esas mujeres, no solo para su cuerpo físico, sino también para sus emociones, su mundo mental y su ser espiritual.

Como te puedes imaginar, esa visita dejó una profunda impresión en una inocente muchacha de dieciséis años.

Diez años después, cuando trabajaba como médico en un pueblo minero del oeste australiano, atendí a algunas de las prostitutas que acudieron a la clínica donde ejercía. Sentí una gran compasión por ellas. Tenían una vida difícil y había muchos motivos por los cuales habían terminado así. Muchas creían no tener otra alternativa. De nuevo tuve la oportunidad de observar los efectos de las decisiones que tomaron.

No se trataba solo de las enfermedades venéreas y la forma de vida inherente a su profesión, aunque eso ya era suficientemente malo. Al contrastar su apariencia física con su historial médico, me quedé asombrada. Parecían mucho más mayores que la edad que tenían.

Recuerdo cuando le pregunté a una de las mujeres cómo se ganaba la vida, sin saber en qué trabajaba. Ella contestó de una forma pragmática: «Soy una trabajadora». Cuando me di cuenta de que su ocupación era sexual, su respuesta me chocó como una triste afirmación de lo que era su vida. No hacía el amor; «trabajaba». Su vida estaba lejísimos del verdadero amor que en realidad quería.

Durante el ejercicio de mi profesión como médico y más adelante, durante los años en que fui ministra religiosa, he tenido el privilegio de que tanto hombres como mujeres me contaran sus historias de amor y sus relaciones. Algunas de las historias eran muy tristes, y no pude hacer mucho más que ofrecer mi apoyo.

Recuerdo una adolescente, una muchacha virgen. Durante una noche de amor contrajo herpes genital. Le tengo que dar las malas noticias y decirle que no tiene cura. Se verá obligada a sufrir esta dolorosa y debilitante enfermedad el resto de su vida. Ella llora sobre mi hombro, sintiéndose culpable y al mismo tiempo muy afectada, porque la vida parece ser muy injusta.

Otra mujer de poco más de treinta años sufre una depresión cuando se entera de que el hombre al que amaba y con quien esperaba casarse le ha sido infiel. Llora mientras me visita para una serie de pruebas de varias enfermedades de trasmisión sexual, intentado afrontar el hecho de que él no tuvo solo una amante, sino muchas.

Un hombre de unos cuarenta y cinco años ha perdido a su esposa por cáncer y ahora debe enfrentar el hecho que tiene que criar a sus hijos solo, preguntándose cómo afrontará la vida sin su pareja. Más tarde tiene la buena fortuna de conocer y enamorarse de una mujer maravillosa que sabe que nunca podrá remplazar a su esposa, pero que lo ama y cuida de sus hijos, los cuales necesitan una madre.

Aún veo sus rostros y recuerdo sus historias. Y recuerdo las lecciones que aprendí al conocer sus vidas.

No todas las historias eran tristes. Muchas tenían vidas alegres y felices.

Recuerdo cuando visité a una mujer de más de setenta años la noche anterior a que se operara. Me habló de cómo fue cuando se enamoró. Había estado casada felizmente muchos años y ahora era una viuda mayor, pero el recuerdo de ese amor se mantenía vivo como si fuera ayer mismo. Al hablar, parecía como si se le iluminara toda la cara, dándole un brillo juvenil.

Como anestesista, me apresuré a dejarlo todo listo para satisfacer la lista de la operación del día siguiente, y tenía varios pacientes más que visitar. Pero no pude evitar quedarme al lado de su cama mientras me hablaba del amor de su vida. En aquel momento yo estaba saliendo con un muchacho. Era buena persona, otro médico como yo. Sobre el papel parecíamos hacer una buena pareja, pero no había chispa. Yo sabía que no quería casarme con él. Estaba buscando amor sin encontrarlo, preguntándome si alguna vez encontraría a alguien para mí.

Así es que le pregunté a mi paciente: «¿Cómo supiste que él era la persona para ti?». Intuyendo el motivo de mi pregunta, ella contestó: «Cuando llegue el momento, lo sabrás».

No estoy segura de que la creyera en aquel momento, aunque quería hacerlo de veras. El verdadero amor parecía ser algo muy lejano. Aunque tenía un trabajo maravilloso que me gustaba de verdad, me sentía sola y sin realizar. Sabía en mi interior que existía alguien con quien estaba destinada a estar. Pero ¿cómo encontrarlo?

Alrededor de ese tiempo fue que encontré a Elizabeth Clare Prophet y su perspectiva espiritual sobre el amor, el matrimonio y las relaciones. Al leer sus escritos se me abrieron los ojos hacia un mundo más amplio de amor, más que el simple amor entre hombre y mujer, aunque ese amor tenga una gran importancia. Ella hablaba del amor de Dios hacia el alma, del amor del Yo Superior y los misterios del amor divino como esencia del sendero espiritual.

Al escuchar todo eso me dio un salto el corazón y me sentí deseosa de saber más. Pedí que me enviaran desde Estados Unidos un álbum de grabaciones audio sobre llamas gemelas y almas compañeras. Cuando me llegó ocho semanas después, me senté enseguida a escucharlo. Mi alma tenía hambre de una sabiduría que pudiera aliviar aquello que me apesadumbraba. Me encantó el álbum y lo puse una y otra vez hasta que casi me lo aprendí de memoria. El mensaje me supo dulce en la boca, como dice la Biblia, pero también «amargó mi vientre» , porque ello significaba hacer cambios en mi vida y asumir una responsabilidad personal.

Una cosa había cambiado. Ahora sabía a quién había estado

buscando todos esos años. Era aquel a quien había conocido en el mundo celestial antes de esta vida. Sabía que existía, en alguna parte, y que un día me encontraría con él. También sabía que tenía que tener paciencia.

Creo firmemente que una comprensión espiritual del amor puede arrojar luz sobre las decisiones que tomamos en la vida. Pero ese conocimiento llega con la práctica. Descubrirás, como lo hice yo, que nuestras decisiones tienen consecuencias; somos responsables de nuestras acciones. Al final, si queremos el amor perfecto, tendremos que hacer algunos sacrificios.

Sin embargo, esos sacrificios parecen insignificantes cuando encontramos la dicha del amor real y la alegría de realizar nuestro propósito en la vida.

1
Amor verdadero

El amor es nuestro verdadero destino. No hallamos el significado de la vida solos, lo hallamos con otra persona.

THOMAS MERTON

Todo empieza en el cielo

Ya conoces la frase, *un matrimonio hecho en el cielo*. Pues bien, es cierto. Hay muchos matrimonios hechos en el cielo. El más antiguo y memorable es el de la unión de Dios Padre con Dios Madre.

De hecho, todos nacemos a raíz de la unión del amor del Dios Padre-Madre. El amor divino es lo que produjo la creación de nuestra alma y la de nuestra llama gemela, la otra mitad de la totalidad divina que nosotros somos. Juntos reflejamos la conciencia del Dios Padre-Madre en una unión de amor y la totalidad de ese amor.

Existen muchos matrimonios en la tierra que antes fueron hechos en el cielo, planificados por los ángeles y nuestro Yo Superior; llamas gemelas u otras almas unidas en conmemoración de esa polaridad interior. Pero no todos los matrimonios terrenales reflejan uno celestial.

Cuando nos encontrábamos en el mundo celestial, antes de entrar es este cuerpo que llevamos puesto ahora, éramos capaces de ver con claridad. Dimos un repaso a la vida que íbamos a tener, acompañados de guías celestiales. Comprendimos las circunstancias que nos darían a elegir, las pruebas que la vida nos pondría delante y nuestro propósito superior en la tierra. Si una relación formaba parte de nuestro plan, nos reunimos con el Yo Superior de la persona que estaba destinada a ser nuestra pareja es esa vida. Vimos el plan de nuestra vida, la misión para cuya realización fuimos creados, los hijos que tendríamos, el trabajo que realizaríamos juntos y el amor que compartiríamos.

Pero ahora que hemos bajado a la tierra, parece que no es tan fácil. La mayoría no recordamos aquello que acordamos en el cielo, y el conocimiento interior se nubla con los velos del olvido. Nos queda el vago recuerdo de un plan de alguna clase y el añoro en nuestra alma. Anhelamos encontrarnos con otras personas con quienes nos podamos conectar, quizá incluso las mismas que conocimos en el mundo celestial antes de entrar en la vida en la tierra.

Mientras tanto, nuestra alma afronta muchas pruebas. La vida puede ser dura, el verdadero amor puede parecer inalcanzable y hay muchas distracciones que nos pueden desviar del sendero que debemos tomar. En momentos así, sirve recordar *que existe un plan.*

La alquimia del amor

El amor asume muchas formas. Cuando hablamos de él, a menudo pensamos primero en el amor entre hombre y mujer, entre esposos. Pero piensa en el amor de una forma más amplia. También existe el amor en la familia, el amor del maestro por el discípulo, el amor de Dios por sus hijos, el de los ángeles y los maestros de luz por la humanidad, el del Yo Superior por el yo inferior, que se encuentra en el estado del devenir.

El amor es lo que mantiene unidas a familias, comunidades y naciones. Es como si la experiencia total que la vida en la tierra significa estuviera suspendida entre hilos de amor en todas sus hermosas manifestaciones. El amor hacer girar el mundo de verdad, y el amor entre un hombre y una mujer es parte de ese amor.

El mundo sufre de una falta de amor. En última instancia, todos los problemas, tanto los de ámbito personal como planetario, pueden reducirse a este único factor. ¿Qué son el terrorismo, el crimen o la guerra sino una ausencia de amor entre hermanos? ¿Qué son los abusos a niños sino una ausencia de amor por parte de los padres hacia los hijos?

Contrariamente, piensa en aquellos que aman sin reservas, que arriesgan la vida por rescatar a un niño en peligro o quienes apartan sus propios problemas para ayudar a un vecino después de una inundación o un tornado. Estos demuestran un amor como el de Cristo.

Todos nosotros tenemos un efecto sobre el mundo que nos rodea. Nuestra vida y el amor que compartimos pueden llegar a cualquier alma de la Tierra, tanto si nosotros lo sabemos como si no. Nuestro amor (o su ausencia) puede incluso tener consecuencias mucho más importantes de lo que podamos comprender. El amor puede realmente cambiar el mundo.

El Maestro Tibetano Djwal Kul cuenta una historia sobre un amor así:

Vivía cerca del mar una bondadosa alma, la de un molinero. Él y su esposa se dedicaban a moler el grano para la gente de su pueblo. No reinaba tanta felicidad en ninguna otra población como en aquella. Sus habitantes estaban absolutamente maravillados, pues reconocían que algo fuera de lo normal debía de estar ocurriendo para que los lugareños se sintieran tan felices y juiciosos. Y si bien nacían, se criaban, se hacían adultos y se iban al otro mundo en esa misma población, no fueron capaces en toda su vida de llegar a descubrir el misterio.

Esta noche voy a correr la cortina para revelar qué fue lo que hizo a la gente de ese pueblo tan feliz y próspera, tan alegre y juiciosa.

Fue el servicio del molinero y su mujer y el amor que ponían en la harina, el cual se llevaban a casa en sacos cargados a la espalda quienes la compraban, y luego la horneaban para hacer pan. En cada comida el poder regenerador del amor procedente del molinero y su esposa se extendía radiante por la mesa y se introducía en el cuerpo de quienes comían el pan. Así pues, como poder radiactivo, la energía de ese amor vibrante del molinero y de su esposa se esparció por toda la población.

Los vecinos jamás supieron la razón de su felicidad

y nadie en el pueblo fue capaz de descubrirlo. Porque a veces —aunque vivan uno al lado del otro— los hombres son incapaces de descubrir los secretos más simples de su prójimo.[1]

¿Pudiera sonar a fábula la historia del molinero y su esposa? Quizá así sea en esta época de escepticismo. Pero en realidad es una alegoría de las llamas gemelas que comparten el amor de Dios con el mundo.

También puede interpretarse como la historia de ti mismo y tu llama gemela.

En primer lugar,
mira hacia el interior

Al buscar amor, una de las lecciones más importantes que hay que aprender es que la búsqueda comienza en nuestro interior. En vez de buscar afuera, primero nos podemos concentrar en engrandecer el amor que ya existe en cada uno de nosotros como una llama Divina individual.

Esta llama es nuestro punto de contacto con la mayor fuente de amor, que es Dios. Si queremos que en nuestra vida exista el verdadero amor, ¿qué mejor modo de hallarlo que conectarnos con esa fuente universal? Por tanto, descubrimos que al anteponer a Dios a todo lo demás en la vida, el resto de las cosas empiezan a ocupar su lugar y la luz y el amor que encontramos en el interior se convierten en un imán que atraerá el amor perfecto del exterior.

Desgraciadamente, el amor que sentimos por Dios no siempre refleja el que él siente por nosotros. La incesante búsqueda que Dios hace del alma forma el tema del poema de Francis Thompson llamado *El sabueso del cielo*.

> Hui de Él, por las noches y los días;
> hui de Él, por las galerías de los años;
> hui de Él, por los caminos laberínticos
> de mi mente; y en medio de las lágrimas
> me escondí de él....

Amor verdadero

A lo largo del viaje en la vida se dan momentos en los que el alma oye la voz de Dios pronunciar las lecciones que han vivido quienes no permiten que el amor de Dios entre:

«He aquí, nada te complace a ti, que no me
     complaces a Mí...
He aquí, todo huye de ti, pues tú huyes de Mí».

Las estrofas finales se dirigen inexorablemente hacia la captura mientras Dios revela al alma su amor que siempre está presente:

«¡Ay, no sabes
qué poco merecedor eres de amor alguno!
¿A quién encontrarás que te ame, innoble,
sino a Mí, solo a Mí?
Aquello de que te despojé fue,
no para herirte,
sino solo para que lo buscaras en Mis brazos...

»Ah, queridísimo, ciego, débil,
¡yo soy Aquel que buscas!
Alejas de ti el amor,
     pero al que alejas es a Mí».

Sin saberlo, el alma a menudo huye de Dios y al hacerlo, huye del amor. Pues Dios es amor y el mundo sufre una falta de amor al no recibir el amor más grande de todos.

El gran yogui Paramahansa Yogananda solía recitar este poema con su voz fuerte y sonora, con la intención de inspirar a sus estudiantes el mismo gran amor que él sentía por Dios. Yogui y renunciante, hizo votos monásticos y nunca se casó, pero tuvo mucho que enseñar sobre el amor e incluso sobre el amor entre el hombre y la mujer. En su enseñanza dijo que el matrimonio debía ser un reflejo del amor entre el alma y Dios, el amante y el Amado. El alma reencarna una y otra vez hasta que aprende las lecciones del amor.

A veces la gente percibe a Dios como un ser que nos ama de forma posesiva, pensando que si lo amamos, él no nos permitirá que tengamos en nuestra vida ningún otro amor, cuando eso es una de las razones por las que Dios creó al hombre y la mujer.

Para comprender este amor hemos de mirar más detenidamente al amor que encontramos en tres tipos de relaciones: las llamas gemelas, las almas compañeras y las relaciones kármicas. Todas ellas son distintas y únicas, y cada cual es un punto esencial en nuestra comprensión de los amores y las relaciones que existen en el mundo.

Pero antes miremos el karma y la reencarnación, pues, nos guste o no, el karma nos afecta a todos e influye en todas esas relaciones.

La ley del retorno

Karma es la ley de causa y efecto: lo que sembremos, eso también segaremos. Todo en la vida es energía. Todo lo que pensamos, sentimos y hacemos produce resultados en el mundo en que vivimos. Lo que enviamos hacia otras personas regresa a nosotros, y debido a la ley de atracción, acumula más de lo mismo en su camino de regreso.

Si enviamos amor y bondad, amor y bondad es lo que nos regresará. Si hacemos daño a los demás y somos desagradables, esa energía negativa también nos regresará para que la equilibremos. En el universo no existe la injusticia; lo que produzcamos nos regresará, y con intereses. A veces regresa rápidamente y otras, tarda más tiempo en hacerlo.

Cada día tenemos la oportunidad de generar karma o bien positivo o bien negativo, haciéndolo mediante nuestros pensamientos, sentimientos, acciones y palabras buenas o malas. La elección es solo nuestra. Y cada día tenemos una cuenta que saldar en la balanza de la vida. Al final del día, ¿tendremos un saldo favorable o estaremos en números rojos?

Generamos buen karma al ayudar y servir a los demás, al dar amor y compasión y al enviar pensamientos de paz, al avanzar dando los pasos adecuados y al defender la verdad; y al defender la vida, especialmente cuando esta está indefensa.

Generamos mal karma cuando enviamos pensamientos y sentimientos negativos, cuando hacemos cosas que hacen daño

17

o que son desagradables, cuando pronunciamos palabras hirientes y poco amables. También podemos producir karma negativo con actos de omisión: cuando no nos pronunciamos sobre alguna cosa o no actuamos al respecto cuando deberíamos hacerlo, cuando dejamos que una oportunidad de hacer el bien se nos escape.

Todos tenemos deudas con la vida, de lo contrario no estaríamos aquí en la tierra. Esas deudas claman por ser saldadas y la mayoría de ellas necesitan serlo con amor. Algunas deudas requieren que amemos y sirvamos a alguien de una manera muy personal, y nuestra alma sabe por qué amamos. Nuestro Yo Superior nos llama a que saldemos el karma producido por un comportamiento falto de amor, amando a otra persona desde lo más profundo de nuestro corazón y nuestra alma.

Al buscar saldar nuestro karma y aprender el significado del verdadero amor, ejercemos el libre albedrío, que es un don de Dios. Por libre albedrío elegimos amar. Dios nunca nos niega nuestro libre albedrío. No interfiere con nuestras decisiones, a menos que se lo pidamos. Dios quiere que vivamos las consecuencias de nuestras decisiones, ya que así es como aprendemos.

En el pasado —en esta u otras vidas— quizá hayamos abusado de la luz y la energía que Dios nos ha dado. Con el fin de que nos confíen más luz y energía, debemos demostrar que seremos responsables y la utilizaremos de forma constructiva. Debemos demostrar que daremos amor y no odio.

La historia de Kara y Robert ilustra cómo un lazo kármico condujo al matrimonio y a la oportunidad de saldar ese karma mediante el amor. También ilustra qué elecciones tenemos mediante el libre albedrío.

Cando Kara conoció a Robert,* sintió que un magnetismo

---

* Todas las historias de este libro son verídicas. He cambiado el nombre de las personas y algunos detalles de sus historias para proteger la privacidad de quienes me las han contado.

la atraía hacia él. Al mismo tiempo, había algo en él que la hacía sentirse muy incómoda. Sentía recelo, pero sabía que Robert la amaba y ella lo amaba a él. Los dos creían en las mismas cosas y compartían su fe, y a ella eso le bastaba para poder superar las cosas que le preocupaban.

Se casaron y tuvieron tres hijos seguidos, pero poco a poco ella comenzó a darse cuenta de que Robert no tenía la estabilidad mental o emocional que ella sí aportaba al matrimonio. Él tomó decisiones equivocadas repetidamente, consumió drogas sin que ella lo supiera, le fue infiel y luego quiso volver con ella. Tenía ataques de ira a la menor provocación o sin que la hubiera. Al final le diagnosticaron un trastorno bipolar. Una y otra vez intentaron que el matrimonio funcionara, pero ella comprendió al final que él no iba a cambiar. Se dio cuenta de que el matrimonio no iba a durar. Sabía que debía divorciarse, salvar lo que pudiera de su vida y reconstruir su familia lo mejor posible. Eso es lo que hizo. Al divorciarse, él quiso la custodia de los hijos, censuró el sendero espiritual que una vez compartieron y comenzó a consumir drogas abiertamente, delante de sus hijos. La situación se convirtió en una pesadilla.

Mientras Kara intentaba entender su matrimonio y saber por qué este se había estropeado de tal manera, tuvo un recuerdo que la ayudó a comprender los lazos que los habían juntado y la deuda que se debían mutuamente. Recordó que Robert la había asesinado en una vida anterior. También comprendió que quitar la vida a alguien produce unos lazos kármicos intensos y una deuda kármica que Robert debía pagar alguna vez, en alguna parte. No sabía qué otro karma pudiera haber entre ellos o a qué tiempo se retrotraía, pero en esta vida sentía grandes deseos de ayudar al alma de Robert para que los dos pudieran ser libres de los lazos que los ataban. Era consciente de que el deseo que sentía era digno, puesto que Dios también lo amaba a él, como ama a todas las almas. También recordó que unos ángeles consejeros le mostraron que no era muy probable que él respondiera a su amor, indicándole que no hacía falta que se casara con él para saldar su karma, pero podía hacerlo si así lo quería.

¿Kara se arrepiente de haber elegido casarse con Robert?

Ella contestaría que no, aunque sabe que, si tuviera que volver y empezar de nuevo, es posible que no tomara la misma decisión de establecer ese matrimonio kármico. Pero no se detiene en el pasado. Juntos trajeron al mundo a tres hijos maravillosos y ella saldó el karma que la ataba a Robert. No siente amargura y ahora es más sensata. Y lo que es más importante, es libre.

Las situaciones que conllevan un karma negativo pueden ser muy dificultosas, pero también pueden suponer una bendición si podemos aprender y mejorar a raíz de las lecciones que nos proporcionan. Con un gran dolor, Kara aprendió la lección de que, tanto el amor como el odio, son creados a partir de la única energía que existe: la energía de Dios. Nosotros elegimos utilizarla para amar o para odiar. Cualquier cosa que decidamos, esa energía entrará en el mundo que nos rodea, no solo en la persona a la que la enviamos. Al hacerlo, reunirá más energía de la misma clase y regresará a nuestra puerta, como bendiciones de karma positivo o como karma negativo.

Igual que el molinero y su esposa comunicaban su amor silenciosamente a su comunidad, tú y tu llama gemela, tu alma compañera o tu pareja kármica, podéis influir en un número incalculable de vidas a vuestro alrededor mediante vuestros pensamientos, sentimientos y acciones, todo lo cual emite su energía al mundo. Cada día tienes una oportunidad de generar buen o mal karma (la oportunidad de poner un peso sobre la vida o de ayudarla) ya sea reciclando la energía negativa de tu karma del pasado cuando emerge o reconociendo esa energía como un desafío a tu armonía y amor y transformándola.

La búsqueda de la plenitud

L a búsqueda del amor —y de la pareja perfecta— en realidad es la búsqueda de la plenitud. Buscamos la otra mitad de la totalidad, la parte de nosotros mismos que sabemos existe en alguna parte del cosmos.

Cada uno de nosotros anhelamos unirnos a nuestra llama gemela, quien fue creada con nosotros en el principio. Y nos preguntamos: «¿Por qué no estamos juntos? ¿Por qué nos separamos? ¿Cómo nos podemos volver a encontrar?».

Vayamos al principio de esta historia.

Hace eones de tiempo, junto con nuestra llama gemela, estuvimos ante el Dios Padre-Madre y nos ofrecimos a encarnar con el fin de llevar el amor de Dios a la Tierra. El plan consistía en vivir una serie de encarnaciones en la Tierra para después regresar al corazón de Dios.

Sin embargo, durante la estancia en la Tierra, caímos desde el estado de perfección por usar mal la luz de Dios. Generamos karma. Nos separamos en vibración de vuestro Yo Superior y pronto nos separamos de nuestra llama gemela. Permanecimos separados en vidas posteriores debido a la desarmonía, el miedo y la desconfianza. En cada vida que pasamos separados de nuestra llama gemela o bien generamos karma negativo, ampliando así el abismo entre nosotros, o bien saldamos parte del karma que se interponía entre nosotros y nos impedía volver a unirnos.

Ahora, con el cambio de las eras, es el momento en que la

gente vuelve a buscar el contacto con su llama gemela. Existe una gran oportunidad de saldar karma, de volver a conectarnos con nuestro Yo Superior, pero con frecuencia la mente exterior malinterpreta la búsqueda.

Las llamas gemelas comparten una misión única, pero eso no significa que deban estar juntas en esta vida físicamente. Las personas, cuando saben que tienen una misión que realizar con su llama gemela, algunas veces empiezan una búsqueda de esa alma especial externamente, como lo hice yo. Desgraciadamente, esa búsqueda casi siempre implica un desvío del sendero espiritual, porque la clave para cumplir nuestra misión, encontrar a nuestra llama gemela y uniros a ella, se encuentra en nuestra relación con Dios y con nuestro Yo Superior.

> *Independientemente de lo grande que sea la separación en el tiempo y el espacio, siempre estaremos conectados con nuestra llama gemela en lo más profundo de nuestro ser.*

Puesto que tanto tú como tu llama gemela tenéis el mismo patrón original de identidad (como el diseño de un copo de nieve, único en todo el cosmos), toda energía que emitáis será impresa con ese modelo específico. De acuerdo con la ley de la atracción, toda energía que emita una de las llamas gemelas también se dirigirá hacia la otra, ya sea para dificultar, ya sea para ayudarla en el sendero hacia la plenitud.

Cuando envíes amor o esperanza, esas cualidades levantarán a tu llama gemela. Si sientes una carga de frustración u odio, tu llama gemela también sentirá el peso de esos sentimientos poco armoniosos.

Del mismo modo, tu sendero en la vida puede recibir una gran influencia dependiendo de dónde se encuentre tu llama gemela o cuál sea su estado de conciencia. A veces, las alegrías o depresiones inexplicables que sentimos son estados de ánimo pertenecientes a tu otra mitad que se graban en tu conciencia. Independientemente de lo grande que sea la separación en el tiempo y el espacio, siempre estaremos conectados con nuestra llama gemela en lo más profundo de nuestro ser. Si elevas tu conciencia, también ayudarás a tu otra mitad. Cuanto más saldes el karma que os ha separado, más cerca estaréis en vibración. El lazo interior se fortalecerá y se hará más tangible cuanto más busques tu sendero espiritual, y la reunión en lo externo también llegará a producirse tal como esté ordenada.

Cómo reconocer
a tu llama gemela

En *El Profeta*, Kahlil Gibran captura la esencia de la relación que existe entre las llamas gemelas.

Nacisteis juntos y juntos estaréis siempre.
Estaréis juntos cuando las alas blancas de la muerte
esparzan vuestros días.
Sí, estaréis juntos aun en el silencioso recuerdo de Dios.

La relación de las llamas gemelas es eterna. Siempre existirá. No hay que buscarla externamente, sino que hay que sintonizarse con ella interiormente. Si realizas esa sintonización interior, la conexión y el reconocimiento exterior se podría producir. Si no posees la sintonización interior, podrías estar justo al lado de tu llama gemela y no darte cuenta jamás.

Es en nuestro interior que reconocemos a la llama gemela, es un conocimiento del alma. Los sentidos exteriores no nos lo dicen ni se puede saber si dos personas son llamas gemelas por su apariencia, sus aspectos astrológicos o sus intereses comunes. Las llamas gemelas no tienen por qué parecerse físicamente. Pueden tener costumbres y personalidades muy distintas, con divergencias en sus intereses o unos aspectos astrológicos «incompatibles».

Tampoco podemos reconocer a la llama gemela por los

sentimientos de atracción que tengamos. A veces, al conocerse, puede ocurrir que las llamas gemelas ni siquiera se gusten. Durante las vidas que vivieron juntas, la discordia generada entre ellas puede haber creado mucho karma y un resentimiento que aún permanece; en las vidas que han vivido separadas, pueden hacer evolucionado de formas muy distintas. Al final, lo que separa a las llamas gemelas y hace que no se reconozcan es el karma. Este solo se puede disolver mediante el trabajo espiritual, saldando el karma y esforzándose en el sendero para que el amor subyacente pueda salir a la luz.

¿Qué hacer si conoces a alguien que tú crees pudiera ser tu llama gemela? ¿Cómo se puede saber si debéis estar juntos?

En vez buscar señales externas, es mejor aquietar los sentidos y separarse por un tiempo. Deja que tu sapiencia interior te lo diga. Permite un período de soledad. Ayuna y reza. Pídele a Dios que te enseñe si la relación está bien o mal. Y no te muevas hasta tener seguridad en las cosas. Como dice el dicho: «¡No te muevas hasta que un elefante te pise en el pie!».

Vemos la diferencia entre un reconocimiento interior y uno exterior en la siguiente historia sobre unas llamas gemelas que se encontraron a pesar de su karma. Cuando Eleanor y Walter se conocieron, no hubo ninguna atracción en especial. Ella era quince años mayor que él. Él estaba interesado en otra mujer en ese momento. Años después, circunstancias de la vida los pusieron uno al lado del otro, trabajando en el mismo departamento de una mediana empresa.

Entre ellos comenzaron a surgir pequeños enfados y disgustos. Un día estaban trabajando juntos en un proyecto y no se ponían de acuerdo sobre cómo había que llevarlo a cabo. Cuando Eleanor sintió un intenso disgusto por él, se dijo: «¡No me casaría con Walter, aunque fuera el último hombre en el mundo!».

Inmediatamente Eleanor oyó una vez en su interior que dijo:

¿Ah, sí? Pues piénsalo dos veces, porque es tu llama gemela. Al principio le resultó chocante. ¿Walter, su llama gemela? Ella no le dijo nada, sino que rezó buscando ayuda.

Eleanor comprendió que si eran llamas gemelas, debía existir una gran cantidad de karma entre ellos, y empezó a realizar un trabajo espiritual al respecto. Utilizó la luz conocida como llama violeta para disolver y transmutar ese karma negativo. (Más delante hablaremos de la llama violeta). Al trabajar juntos, intentó no sentirse irritada ni molesta y mantener la armonía para no generar más karma.

A lo largo de varios años trabajando juntos, Walter llegó a respetarla. De forma gradual, sus diferencias se fueron disolviendo. Una vez trasmutadas la ira y la irritación, los dos descubrieron que, a pesar de sus diferencias, se habían enamorado. Poco a poco recibieron exteriormente la confirmación de su intuición interior. Walter y Eleanor se casaron y adoptaron tres hijos. Ahora tienen una vida plena y se sienten agradecidos de estar juntos.

Walter y Eleanor llegaron a entender que llevaban separados muchas vidas debido a que habían permitido que existiera discordia entre ellos. El universo los juntó para que tuvieran otra oportunidad de saldar su karma y servir juntos. Ahora se esfuerzan para poner a un lado sus diferencias, que surgen en el día a día. Después de estar separados tanto tiempo, no quieren dejar que nada se interponga entre ellos esta vez.

El amor de las llamas gemelas

Cuando la gente concibe por primera vez la idea de las llamas gemelas, a veces piensa: «Si tan solo tuviera a mi llama gemela a mi lado, todo estaría bien». Eso es lo que pensé yo cuando oí hablar por primera vez de las llamas gemelas. Pero suponer que todos los problemas se resolverán al encontrarnos con nuestra llama gemela es una ilusión.

Aunque muchas llamas gemelas se han reunido y viven juntas felizmente, algunas se han encontrado en esta vida y el encuentro no ha resultado en un amor duradero. Se enamoraron, pero después permitieron que fuerzas e impulsos negativos ahogaran ese amor. Algunas se dejaron llevar por el alcohol o las drogas, eligiendo otros amores antes que el amor puro de las llamas gemelas. Otras se permitieron discusiones y explosiones de ira, que no hacen más que generar karma. Al final se fueron por caminos distintos, separados por la discordia y la desarmonía, mientras los ángeles del cielo lloraban por una oportunidad perdida.

Una pareja de llamas gemelas se conoció en la treintena. Phillip era un cristiano «nacido de nuevo». Regina tenía un camino espiritual que consideraba todas las religiones tanto de Oriente como de Occidente. Ella supo enseguida que eran llamas gemelas; él tardó más en darse cuenta. Se enamoraron, se casaron y comenzaron a resolver su karma.

Pero, aunque se amaban mucho y eran llamas gemelas,

parecía que Phillip no podía sentirse cómodo en la relación. Tenía un trabajo que le obligaba a viajar mucho tiempo y comenzó a tener encuentros sexuales esporádicos, algo que le rompió el corazón a Regina. ¿Cómo es que él no la amaba igual que ella lo amaba a él?

Empezaron a distanciarse y nada de lo que hiciera o dijera Regina parecía importarle o impactarle. Al final se separaron y se divorciaron.

Esta historia nos recuerda que encontrar a nuestra llama gemela no es la respuesta a todas las necesidades que tenemos en la vida. El libre albedrío reina por encima de todo. Las dos partes han de querer las mismas cosas y estar dispuestas a hacer algunos sacrificios o a ceder para poder tener un amor más grande.

También debemos comprender que es posible que nuestra llama gemela no esté en disposición de tener una relación con nosotros en esta vida o en el momento presente. Puede que ya tenga su matrimonio, puede que sea mucho más joven o mucho más mayor que nosotros o puede que ni siquiera esté encarnada.

De hecho, si la relación en lo externo entre las llamas gemelas no sirve a un propósito superior, puede que tal relación no esté destinada a producirse en esta vida. En casos así, el Yo Superior con frecuencia no le revela a la mente exterior lo que el alma sabe a nivel subconsciente, un conocimiento que podría producir que las personas se desvíen del plan que tienen en la vida.

Sin embargo, a veces la conciencia exterior sigue la conexión interior, aun si las personas saben que tienen un rol distinto que están destinadas a jugar.

Betty y Brian habían superado ya los sesenta años de edad cuando se conocieron. Ella había estado casada más de treinta años. Era madre y abuela y había seguido durante muchos años un sendero espiritual, y pronto reconoció a Brian como su otra mitad cuando él entró en su casa para asistir a una reunión de un grupo de estudios que se reunía allí regularmente.

Betty era consciente de lo importante que es no generar karma nuevo con la llama gemela y por eso no le dijo nada de que su alma lo había reconocido. Trató a Brian igual que trataba al resto de las personas del grupo y nadie sospechó que hubiera nada especial entre ellos.

Pero con el tiempo Brian también se hizo consciente de la conexión. Le imploró que dejara a su esposo y se casara con él, pero Betty sabía que casarse con él no formaba parte de su plan divino en esta vida. Sentía un profundo amor por Brian, pero no estaba enamorada de él.

Betty era de naturaleza tranquila y atenta. Brian era impulsivo y extrovertido. Ella puso unos límites firmes en su relación, aunque lo hizo de manera considerada. Continuó ayudando a Brian en su viaje espiritual, pero no quiso pensar en dejar a su esposo, al que amaba, ni quería romper los votos matrimoniales ni abandonar la familia que habían hecho juntos.

Las llamas gemelas no tienen por qué estar juntas físicamente para poder cumplir la misión que tienen junas. El lazo interior y la conexión espiritual es algo que por sí mismo puede ser una gran fuente de fortaleza en su servicio en ámbitos distintos.

Años después, Brian falleció de una embolia súbita, en parte porque no se cuidó la presión alta, que le fue aumentando. Betty rezó por él después de que falleciera, pidiendo que los ángeles se lo llevaran al sitio que le correspondiera como preparación para los siguientes pasos de su viaje espiritual. Al cabo de menos de un año, su nieta dio a luz a un varón, al que Betty reconoció intuitivamente como la reencarnación de su llama gemela. Y así, pudo rezar por él y participar en su crianza y sus cuidados.

Un día Betty iba con su bisnieto en el auto. Aunque tenía

solo tres o cuatro años, él le dejó saber a Betty que se acordaba de las veces que la había encontrado en vidas anteriores. Le dio un beso y las gracias. Ella le dijo que era mejor no decirle a nadie de la familia lo que sabía, ya que nadie lo entendería. Betty guardó el secreto hasta que me lo contó a mí, como ministra espiritual.

Me dijo que vio muchas señales que indicaban que él era el alma de Brian en un cuerpo mucho más joven. Tenía la misma personalidad extrovertida y ella se alegró de ver que estaba aprendiendo desde pequeño a dominar su naturaleza impulsiva.

Pasados los setenta, Betty recibía visitas de su bisnieto, y yo la veía ir de la mano con su niño de ocho años. Era un gozo contemplar el amor puro que había entre estas dos almas y está bien claro que, de nuevo, no entraba en el plan divino de esta vida que tuvieran una relación romántica.

Diez años después, Betty falleció. Quizá esté esperando a que su llama gemela realice su vida aquí abajo y vuelva a su lado en las octavas de luz. Él tiene el apoyo de una familia que lo ama y lo cuida, y que comprende los temas espirituales; y también tiene a una llama gemela en el cielo que lo apoya y reza por él.

Las llamas gemelas no tienen por qué estar juntas físicamente para poder cumplir la misión que tienen. El lazo interior y la conexión espiritual es algo que, por sí mismo, puede ser una gran fuente de fortaleza en su servicio en ámbitos distintos. Algunas veces existe la oportunidad de compartir solo un corto período de tiempo juntos, como en el caso de estas dos almas, una fuente de inspiración que puede establecer el rumbo de una vida dedicada al servicio.

No es necesario que las llamas gemelas se encuentren para que puedan saldar karma. De hecho, puedes saldar karma con tu llama gemela independientemente de dónde se encuentre, ya sea que esté en otras octavas o a tu lado. Podemos saldar karma desarrollando relaciones basadas en el amor con todos aquellos que Dios nos envíe, prestando servicio en la vida y rezando y realizando un trabajo espiritual, especialmente mediante el uso de la llama violeta.

Conviene recordar que, si te encontraras con tu llama gemela, ello no te resolvería todos los problemas. De hecho, es probable que también te encontraras con el karma que os separó en un principio. Si permites que el karma, las costumbres o los impulsos humanos ahoguen tu amor, podrías descubrir que tus problemas, en vez de disminuir, aumentaron desde que conociste al amado o la amada.

El encuentro con la llama gemela no tiene por qué resolver todos tus problemas. Pero todos los problemas se pueden resolver en el crisol del amor de las llamas gemelas. Todo depende de cómo aprovechemos la oportunidad.

La relación interior
de las llamas gemelas

Con toda probabilidad, tú y tu llama gemela os reunís en niveles internos durante la noche, mientras el cuerpo duerme y el alma viaja hacia los templos de luz del mundo celestial. Hay personas que tienen recuerdos de tales reuniones cuando se despiertan por la mañana o sueños que recuerdan los momentos puros y dichosos con el amado o la amada. Estos encuentros de las almas pueden producirse tanto si guardas su recuerdo conscientemente como si no.

La realidad es que las llamas gemelas siempre están unidas a niveles internos, aun cuando estén separadas por circunstancias externas. Tu Yo Superior y el de tu llama gemela son los imanes que os atraerán mutuamente, en este mundo si es posible y con seguridad en el siguiente. Y el contacto que tengas con el amado o amada puede engrandecer tu luz y tu logro, dándote nuevas fuerzas para afrontar las dificultades en la vida.

Por tanto, continúa esforzándote para ser fiel a tu Yo Superior. Pídele a Dios que te ayude a saldar tu karma y a perfeccionar tu alma en el amor divino, y ofrece la misma oración por tu llama gemela. Tu misión, tu llama gemela y tu reunión final en el corazón de Dios te esperan.

Puedes acelerar tanto tu progreso espiritual como la reunión con tu llama gemela, independientemente de dónde esta se encuentre, si al rezar y meditar pides a tu Yo Superior que se produzca el contacto interior del corazón con ella. Puedes recitar la siguiente oración al principio de tu meditación o de tu período de plegarias o antes de acostarte por la noche:

En nombre del Cristo, pido a la bendita Presencia Divina de nuestras llamas gemelas que selle nuestros corazones uniéndolos para la victoria de nuestra misión. Invoco la luz del Espíritu Santo y la llama violeta para que se consuma todo el karma que limita la completa expresión de nuestra identidad divina y la realización de nuestro plan divino. ¡Y ahora declaro nuestra victoria!

Cúmplase esto de acuerdo con la santa voluntad de Dios.[2]

Al recitar esta oración, aunque viváis en mundos aparte en el tiempo y el espacio, podréis uniros espiritualmente en los planos superiores. Puedes dirigir la luz hacia tu mundo y el de tu llama gemela para que se salde el karma y se cumpla vuestro destino.

Almas compañeras

Cuando la gente oye hablar de almas compañeras algunas veces piensa que se trata de un término para describir la relación de las llamas gemelas. Sin embargo, la relación de almas compañeras es diferente a la de las llamas gemelas. Un alma compañera es simplemente lo que el propio término describe: una compañera del alma. Las almas compañeras se asocian para realizar el viaje.

Las almas compañeras pueden haber estado juntas en vidas anteriores y haber desarrollado un fuerte lazo o conexión de amor. A menudo van juntas porque están trabajando en la misma clase de karma y desarrollando un dominio de las mismas energías.

Un alma compañera es como el eco de uno mismo en el plano de la materia. Las almas compañeras tienen vocaciones o misiones en la vida que se complementan. Su amor a menudo se expresa en el trabajo que realizan juntas. Unen sus fuerzas durante un período de tiempo o incluso para toda una vida o más; para el matrimonio, una empresa de negocios, un libro, una invención o algún otro proyecto. Así, aunque solo tengamos una llama gemela, podemos tener más de una relación con almas compañeras durante nuestras muchas vidas. La relación entre almas compañeras no acaba por necesidad en el matrimonio; sin embargo, si el matrimonio entre almas compañeras entra en el plan, con frecuencia es un matrimonio de mucho amor, armonioso y productivo.

Algunas historias de amor que conocemos históricamente son relaciones de almas compañeras. El amor de Arturo y Ginebra formó el núcleo de Cámelot y la escuela de misterios de los Caballeros de la Mesa Redonda. María y José, los padres de Jesús, eran almas compañeras que vinieron juntas para compartir la responsabilidad de cuidar del Cristo en su hijo.

Una mujer a quien conocí se encontró en esta vida con su llama gemela y también con un alma compañera. Ella me contó la historia de esas dos relaciones y a dónde la condujeron.

Rachel tenía poco más de veinte años cuando conoció a David. Sintieron una atracción mutua y tuvieron una corta relación cuando se cruzaron en su carrera profesional, pero la relación no duró mucho. Los dos continuaron por su camino y su vida los llevó en direcciones diferentes, pero Rachel no pudo olvidarse completamente de David.

Años después Rachel se adentró en el sendero espiritual en serio y llegó a saber que David era su llama gemela, algo que no sabía cuando estaban juntos. Se puso en contacto con él y le habló de la conexión interior entre ellos, pero él no pareció entenderlo. No estaba interesado en las cosas espirituales y ya no sentía ninguna conexión con ella.

Rachel comprendió que tenía que elegir. Podía tratar de restablecer la conexión con David. Posiblemente pudiera responder a su amor y entonces podrían estar juntos, pero para eso tendría que abandonar la comunidad espiritual, que era como su hogar. Tendría que poner a un lado su sendero espiritual por un tiempo o, al menos, seguirlo con menos intensidad. ¿Sería capaz de recorrer ese sendero haciendo ese sacrificio? ¿Sería capaz de ayudar a que él se elevara hasta el punto en que también estuviera interesado en recorrer un sendero espiritual o la frenaría él involucrándola en las cosas mundanas? No tenía ninguna garantía.

Rachel eligió continuar con su sendero y dejar que David siguiera su propio camino en la vida. Ella dice que fue muy difícil tomar la decisión de dejar a su llama gemela y continuar con su vida, pero no se arrepiente. Algunas personas podrían considerar esa decisión como algo egoísta, pero Rachel creyó que había más esperanzas de que al menos uno de ellos se dedicara al sendero espiritual. Así podría proporcionarle a David un afianzamiento espiritual cuando él decidiera dedicarse al sendero. Ella sabía que, si lo seguía por la dirección a donde se dirigía en la vida, los dos podían hundirse, atrapados en los caminos del mundo.

Algunos años más tarde, Dios le proporcionó un compañero de viaje. Conoció a Vincent. Se enamoraron y, tras un noviazgo romántico y emocionante, se casaron. Juntos esculpieron una vida maravillosa. Vincent no sabe nada de la llama gemela de Rachel, pues no era necesario darle un conocimiento que le pudiera suponer una carga.

Rachel dice: «Vincent y yo somos muy felices juntos. Ponemos atención en conservar el amor que sentimos en nuestro matrimonio y compartimos las cargas de la vida. Viajamos juntos y yo lo apoyo en su trabajo y él me apoya en el mío. Encajamos de manera fantástica. A menudo él me sorprende con flores y regalos, y me hace reír. Nos complementamos y yo no podría ser más feliz».

Modelos kármicos

El tercer tipo de relación es la que surge a partir de los lazos kármicos.

Todos tenemos relaciones con personas con las que hemos generado karma en vidas anteriores, buen karma y mal karma. La deuda kármica se siente a nivel del alma. De alguna forma, el alma sabe cuándo existen lazos kármicos que deben ser deshechos, energía negativa que ha de ser equilibrada, errores que corregir y un daño que curar. Aunque no sepamos exactamente qué ocurrió en una vida anterior (y en la mayoría de los casos no es necesario saberlo), percibimos la necesidad de resolver cosas mediante el amor.

Las relaciones románticas que surgen del karma pueden ser intensas y puede existir una gran atracción e incluso un gran amor. También pueden resultar muy difíciles. A veces, cuanto peor es el karma, más intensa es la atracción cuando las personas se conocen. Ello proviene de un deseo interior del alma de liberar a la otra persona de una carga que le hemos causado en una vida anterior. Amamos mucho porque es mucho lo que nos tienen que perdonar.

La historia de Sarah y Jim nos ilustra esos elementos en un matrimonio kármico. Sarah tenía más de setenta años cuando me contó esta historia. Había conocido a Jim al final de su adolescencia y se produjo entre ellos una atracción instantánea. Tuvieron una aventura amorosa intensa, se casaron y pronto trajeron al mundo a tres hijos. Después de algún tiempo, Sarah se dio cuenta de que, aunque amaba a Jim, él no le devolvía su amor de la misma forma. Sintió que estaban perdiendo su enamoramiento.

La vida se fue haciendo más difícil; no estaban de acuerdo en casi nada. Jim fumaba y ella no; Sarah se sentía atraída hacia una vida espiritual y él no. Poco a poco se dieron cuenta de que eran distintos en muchas cosas. Él tuvo otras amantes, pero aun así continuaron con el matrimonio.

Al final establecieron un arreglo que les funcionó. Jim la mantenía y no se oponía a que ella se dedicara a sus asuntos espirituales. Ella, a cambio, cuidaba de él y de los hijos, y se ocupaba del hogar, cocinaba, limpiaba y manejaba los muchos detalles de la vida diaria para que él pudiera continuar con su exitosa empresa.

Pero las cosas seguían siendo muy difíciles. Ella sabía que la relación era un medio para que ella saldara karma, pero ¿acaso era lo más importante que podía hacer en la vida? ¿Había algo que estuviera llamada a hacer y que se le estaba escapando? Rezó intensamente para saber si debía quedarse o marcharse.

Estando en oración, vio que habían estado juntos más de una vez en vidas pasadas. En su encarnación más reciente, él fue cruel con ella y ella, desesperada, lo hirió y lo dejó morir.

En esta vida se los había reunido para que pudieran saldar el karma que habían creado en esa vida y muchas otras. Esa deuda kármica se podía resolver de la mejor forma en la intensidad y el amor de la relación de esposo y esposa. Recibió una fuerte impresión de que debía continuar en el matrimonio hasta que tuviera una indicación bien clara de que la deuda kármica se había saldado.

Esa revelación ayudo a que Sarah soportara la situación y continuara con el matrimonio, a que amara a Jim con un amor sin egoísmo. Sabía que él no era su llama gemela ni su alma compañera, pero quería que ambos fueran libres al final de su matrimonio, cuandoquiera que llegara ese momento.

Poco después, Jim enfermó como resultado de una vida de malas costumbres en lo que a la salud respecta. Ella respetó sus votos matrimoniales, «en lo bueno y en lo malo, en la salud y en la enfermedad». Cuidó de él. Él agradeció su amor y ella notó cómo su brusquedad exterior se suavizó. Ella, a su vez, descubrió una paz interior que antes la había esquivado.

Las relaciones románticas que surgen del karma pueden ser intensas y puede existir una gran atracción e incluso un gran amor. También pueden resultar muy difíciles. Amamos mucho debido al deseo de liberar a la otra persona de una carga que le hemos causado en una vida anterior.

Jim pronto se enteró de que la enfermedad era terminal. Sarah sabía que cuando él falleciera ella heredaría la casa y todo aquello por lo que habían trabajado, pero eso no motivó de ningún modo sus acciones ni su decisión de continuar a su lado. Al contrario, aprendió que la ley del karma es precisa y comprendió que el hecho de proporcionarle una seguridad económica fue una forma en que Jim pudo saldar su karma con ella.

La vida siguió su curso mientras ella rezaba intensamente por él cada día. Jim murió en paz mientras ella estaba a su lado. Después de cincuenta y un años, el matrimonio se había terminado.

La historia no acabó ahí. Varias semanas después de que falleciera Jim Sarah estaba meditando, cuando lo vio acercase a su lado en su cuerpo espiritual de luz. Se agachó y la besó en la mejilla varias veces, y le comunicó su gratitud por haber cuidado de él con tanto amor y sabiduría.

Después de la muerte él pudo comunicarle aquello que no había sido capaz de comunicarle en vida. Ella había entendido su relación en un nivel más profundo de lo que él había podido hacerlo. Estaba agradecido por muchos motivos y quería que lo supiera. Ella se sintió complacida más allá de lo que pueden expresar las palabras al saber que él estaba bien y que su obligación kármica hacia él había sido saldada.

Mientras reflexionaba sobre su vida, Sarah me dijo: «Nuestro matrimonio fue una oportunidad que Dios nos dio para desarrollar compasión y saldar nuestro karma. Difícil y doloroso como fue, no lo cambiaría por nada del mundo. Doy gracias a Dios porque decidí quedarme con él y saldar el karma».

Hoy, Sarah admite que la decisión que tomó de quedarse con Jim puede no ser la que tomarían otras personas en circunstancias parecidas, pero mantiene que permanecer con él fue una tarea que le asignaron los ángeles antes de encarnar. Con todo, fue lo mejor para los dos.

Al final el alma sabe si ha de marcharse o soportar. Sarah es un alma fuerte y en su relación con Jim no se dejó pisotear. Él nunca fue un hombre abusivo ni insultante y era plenamente consciente de la situación que ella estaba afrontando. Puede ser que para otra persona en una situación distinta lo correcto sea marcharse. Si albergamos cualquier temor por la posibilidad de que se produzcan abusos o daños físicos, mentales o emocionales hacia nosotros o nuestros hijos, debemos dar los pasos necesarios por nuestra seguridad y la de nuestros seres queridos.

El inesperado final de esta historia es que varios años más tarde, Sarah se encontró con un alma compañera. Se casaron y ahora viven juntos felizmente, con más de setenta años de edad. Sarah me dijo: «El universo nunca deja de sorprenderme; y a mí me gusta que me sorprendan».

Los matrimonios kármicos pueden carecer de la profundidad

de las relaciones entre llamas gemelas o almas compañeras, pero también pueden ser un medio para la expresión de un amor grande y transformador. Pueden servir para la liberación del alma, como lo fue en el caso de Sarah.

No hay por qué considerar como una tragedia el que la gente tenga circunstancias difíciles o karma que resolver. La tragedia es cuando no se utiliza la oportunidad que ofrecen tales dificultades para amar, perdonar y curarse, cuando la gente ignora los avisos del alma y se queda cuando debería marcharse o se va antes de terminar la tarea.

Cómo resolver el pasado

La relación entre Sarah y Jim tiene toda la apariencia de un matrimonio kármico, en el que dos personas son atraídas con el fin de que salden su karma mutuo. Las relaciones kármicas con frecuencia son difíciles, pero conducen hacia un crecimiento del alma y un dominio del sendero espiritual. También proporcionan la oportunidad de generar buen karma al servir juntos y al patrocinar y cuidar de los hijos.

Algunos de esos matrimonios ofrecen la oportunidad de saldar el karma causado por graves crímenes, como la traición, el odio extremo y el asesinato. Esos karmas también pueden involucrar a otras personas afectadas por esas situaciones. A veces la única forma en que el alma puede vencer el registro de un odio así es mediante un amor intenso y un servicio mutuo expresado a través de la relación entre esposo y esposa.

Sin embargo, en muchos casos es posible saldar el karma mutuo mediante el servicio y la utilización de la llama violeta, sin necesidad de una relación matrimonial. A menudo esta es la mejor forma. Y, aunque la ley kármica decrete que el matrimonio debe producirse, el trabajo espiritual, incluyendo el uso de la llama violeta, puede suavizar el camino y aliviar las cargas del karma.

Susie, una estudiante de medicina de la Costa Oeste, recuerda su encuentro con Brad, un aprendiz de radiología de la Costa Este que trabajaba en el hospital donde ella se encontraba. Brad se había mudado a la ciudad donde vivía Susie de repente, dos semanas antes de que se conocieran. En cuanto la vio, quiso tener una relación con ella.

Brad era alto, bien parecido y fornido. Tenía una personalidad amable, con buen humor, y todas las enfermeras querían que se fijara en ellas, pero él solo tenía ojos para Susie. Ella no se sentía atraída por él en absoluto. De hecho, no quería saber nada de él. Él siguió buscándola hasta que, al final, ella cedió. A Susie le pareció bien salir con él unas pocas veces, pensando que pronto él se daría cuenta de que no formaban una buena pareja y la dejaría en busca de otra persona.

Después de una par de citas, ella se hizo consciente de una vida anterior en las que los dos habían estado juntos en Escocia. Brad la había abandonado y había tenido una aventura amorosa con su mejor amiga. Ella había muerto sola y temerosa mientras daba a luz al hijo que había engendrado con él. Ella le había odiado por su traición y había abrigado ese sentimiento hasta la vida actual. Ahora comprendía que se debían una deuda de karma mutua.

De vuelta a esta vida, Susie comprendió el dolor que Brad sentía. Estando en oración, deseó dejar de odiar a Brad y ayudarle a saldar el karma que tenían juntos. Incluso comenzó a gustarle, aunque sabía que jamás se casaría con él. Sabía que se trataba de un lazo kármico y decidió no tener una relación romántica con él. En cambio, lo apoyó como amigo.

La anterior novia de Brad lo había dejado justo antes de que él se presentara a los paneles examinadores médicos, y había suspendido los exámenes. Susie siguió apoyándolo mientras él se preparaba para volver a intentarlo y lo ayudó a estudiar. Brad aprobó los exámenes y se hizo radiólogo con todas las cualificaciones.

Hizo planes para mudarse a Inglaterra y quiso que ella lo

acompañara. Ella rehusó hacerlo y le dijo que los dos formarían pareja con otras personas en el futuro. También le dijo que, aunque no lo entendiera ahora, algún día él querría pedirle perdón por una transgresión en una vida anterior y ella no estaría. Y le dijo: «Brad, cuando llegue el día, debes saber que yo ya te he perdonado».

Susie piensa que los ángeles hicieron que Brad se mudara de un lado al otro del país para que pudieran reunirse y resolver su karma. También estaba agradecida por haber tenido la inteligencia de no comenzar una relación romántica que podría haber creado más karma y haber supuesto un desvío mayor del plan que tiene en la vida. Actualmente, ambos están casados felizmente, viven en países distintos, apenas piensan en lo que pasó y no tienen ningún contacto.

Nuestras almas saben por qué hemos encarnado. Antes de que entráramos en un cuerpo nuevo, los ángeles guía nos explicaron las situaciones kármicas que requerirían una resolución. El alma tiene un fuerte deseo interior de corregir esos errores, ya que esa es la única manera de regresar al hogar celestial y al amor perfecto que buscamos.

Estas situaciones kármicas nos pueden llegar como relaciones románticas, familiares, de negocios, amistades y todas las interacciones de nuestra vida. Independientemente de la situación en particular, una forma excelente de saldar karma, liberarnos de esas cargas y promover nuestro progreso en el sendero espiritual es mediante el amor y la ayuda, el servicio y la amabilidad hacia todos aquellos con quienes nos encontremos, junto con el uso abundante de la llama violeta.

La llama violeta

Una de las claves para superar el karma del pasado y cumplir nuestra misión en la vida es el uso de la llama violeta. Esta llama es una manifestación del Espíritu Santo, una energía espiritual que Dios da al hombre para que este acelere su conciencia. La llama violeta transforma la energía negativa en positiva: la ira en amor, la irritación en paz, la sospecha en confianza, la oscuridad en luz.

En *El chela y el Sendero*, el adepto oriental El Morya explica el origen y la naturaleza de la llama violeta:

La llama violeta proviene del rayo violeta, que es un aspecto de la luz blanca llamado séptimo rayo. En lo que a los rayos respecta, es el séptimo aspecto del Espíritu Santo. Tal como la luz del sol, al pasar por un prisma, se divide en los rayos de siete colores del arco iris, de igual modo, al pasar por la conciencia del Espíritu Santo, la luz del Cristo se divide en los planos de la Materia para que la humanidad la use.

Cada uno de los siete rayos es una fuerza activadora y concentrada de la luz de Dios que posee un color y una frecuencia específica. Cada rayo también puede manifestarse como una llama del mismo color y la misma vibración. La aplicación de la llama da como resultado una acción específica del Cristo en cuerpo y alma, mente y corazón.[3]

Cuando visualices esta llama violeta y la invoques en tu conciencia, la llama comenzará a cambiar los modelos de energía negativa acumulados durante miles de vidas. Entonces comenzarás a tener sentimientos de alegría, ligereza y esperanza a medida que la energía negativa se vaya transmutando. Es como si tu conciencia estuviera siendo purificada con un fuego que quema el karma de siglos enteros. Y eso es exactamente lo que ocurre con este fuego alquímico de luz y amor de Dios.

La llama violeta realmente puede disolver montañas de karma. Kara, a quien conocimos anteriormente, utilizó la llama violeta para saldar y transmutar su karma con Robert, el padre de sus tres hijos. Ella atribuye a la llama violeta el hecho de haber adquirido una mayor paz y ecuanimidad, después de haber pasado por la horrorosa experiencia de un divorcio tras una relación dolorosa.

Quizá lo único que falte para que te reúnas con tu llama gemela sea el uso de la llama violeta para limpiar algo del karma.

Hay muchas formas de utilizar la llama violeta. Puedes meditar en ella, verte de pie dentro de la luz violeta, con la energía atravesándote y disolviendo toda la negatividad. También puedes visualizar a otra persona rodeada de llama violeta. Si tienes una situación difícil con algún conocido, amigo, compañero de trabajo o pariente, visualiza la llama violeta alrededor de ti y la otra persona y verás cómo la llama transmuta el karma y los impulsos negativos del pasado, haciendo desaparecer los malentendidos, suavizando las asperezas y eliminando todas las barreras hacia la mejor resolución.

Aún más eficaz es la combinación de esas visualizaciones con la ciencia del mantra. Cuando invocamos la llama violeta físicamente, a través de la Palabra hablada,* su acción es más

* *Palabra* con «P» mayúscula se usa para describir el Logos, el poder de Dios. El evangelio de Juan comienza con las palabras; «En el principio era el Verbo [la Palabra]... ». La ciencia de la Palabra hablada es un medio para manifestar físicamente ese poder.

fuerte y se manifiesta físicamente con más rapidez. Budistas, hindúes, monjes ortodoxos griegos, santos católicos y místicos judíos, todos ellos han conseguido un mayor acceso a la Mente Superior y un estado de unidad con Dios mediante la repetición de mantras, cánticos, oraciones y decretos.

El propósito principal de esta ciencia es el de ponernos en contacto con nuestro Yo Superior. Una vez que tenemos el contacto, podemos extraer el poder de Dios para crear cambios positivos para nosotros mismos, nuestras relaciones y quienes nos rodean. Cuando la Palabra hablada se combina con la meditación y la visualización, los resultados pueden ser extraordinarios.

He aquí un sencillo mantra de la llama violeta, también conocido como «decreto». Es fácil de recordar y lo podemos hacer en cualquier ocasión como medio para manejar la energía negativa.

> **¡YO SOY un ser de fuego violeta,**
> **YO SOY la pureza que Dios desea!**

Este mantra se puede recitar con fuerza, como un «fíat», o se puede repetir en forma de cántico, visualizando la luz de la llama violeta a tu alrededor o alrededor de cualquier situación a la que quieras enviar la llama violeta. Visualiza cómo la llama penetra y disuelve toda la negatividad, dejándote a ti y a todas las demás personas manifestando nada más que la pureza que Dios desea para esa situación.

El «YO SOY» de este decreto es más que una declaración positiva. Es una afirmación que Dios hace dentro de ti. «YO SOY» es el nombre que Dios reveló a Moisés en la zarza ardiente. «YO SOY EL QUE [YO] SOY... Así dirás a los hijos de Israel, YO SOY me envió a vosotros... Este es mi nombre para siempre; con él se me recordará por todos los siglos»[4]. Por tanto, cuando digas: «*YO SOY* un ser de fuego violeta», estarás diciendo que «*Dios en mí es* un ser de fuego violeta», y estarás emitiendo conscientemente la energía de Dios afianzada en tu corazón, que es la llama violeta.

Prueba a hacer este decreto o cualquiera de los demás decretos de llama violeta que hay en este libro durante diez o quince minutos al día. Ya verás cómo ello marcará diferencias en tu vida y transmutará los bloqueos y acelerará tu conciencia. La llama violeta puede ser de gran eficacia a la hora de consumir las capas de energía de karma negativo que se interponen entre tú y la persona que está destinada a estar contigo en esta vida.

En las próximas dos páginas hay dos decretos de llama violeta más. Haz la oración de apertura, o invocación, en cada decreto y luego repite la estrofa tres veces, nueve veces o tantas como desees, visualizando al mismo tiempo la llama como un fuego espiritual que o bien te rodea a ti y a tu llama gemela o bien entra en cualquier situación que necesite una resolución. Termina con el cierre y la aceptación.

YO SOY la llama violeta

En el nombre de mi Presencia Divina, YO SOY en mí, y de mi Santo Ser Crístico, de la Poderosa Presencia YO SOY y el Santo Ser Crístico de mi llama gemela, llamo a Saint Germain y a todos los maestros y ángeles de la llama violeta para que la expandan dentro de mi corazón, purifiquen mis cuatro cuerpos inferiores, transmuten toda la energía mal cualificada que yo haya impuesto jamás a la vida, hagan resplandecer el rayo curativo de la misericordia por toda la Tierra y en la humanidad, y respondan a este llamado por mí y mi llama gemela infinitamente, ahora y para siempre.

YO SOY la llama violeta
en acción en mí ahora.
YO SOY la llama violeta
solo ante la luz me inclino.
YO SOY la llama violeta
en poderosa fuerza cósmica.
YO SOY la llama violeta
resplandeciendo a toda hora.
YO SOY la llama violeta
brillando como un sol.
YO SOY la llama violeta
liberando a cada uno.

¡Y con plena Fe acepto conscientemente que esto se manifieste, se manifieste, se manifieste! (3x), ¡aquí y ahora mismo con pleno Poder, eternamente sostenido, omnipotentemente activo, siempre expandiéndose y abarcando el mundo hasta que todos hayan ascendido completamente en la Luz y sean libres! ¡Amado YO SOY! ¡Amado YO SOY! ¡Amado YO SOY!

La ley del perdón

Amada, poderosa y victoriosa Presencia de Dios, YO SOY en mí, amado Santo Ser Crístico, amado Padre Celestial, en el nombre y por el poder de la Presencia de Dios que YO SOY y por el poder magnético del fuego sagrado del que estoy investido, invoco la ley del perdón y la llama violeta transmutadora por toda transgresión de tu Ley, toda desviación de tus alianzas sagradas. Restaurad en mí la mente Crística, perdonad mis errores y caminos injustos, hacedme obediente a vuestros preceptos, dejad que camine humildemente con vosotros todos mis días. En el nombre del Padre, de la Madre, del Hijo y del Espíritu Santo, yo decreto por todos aquellos a quienes haya ofendido alguna vez y por quienes me hayan ofendido a mí:

¡Fuego violeta, envuélvenos! (3x)
¡Fuego violeta, guárdanos! (3x)
¡Fuego violeta, libéranos! (3x)

YO SOY, YO SOY, YO SOY el que está rodeado
por un pilar de llama violeta,
YO SOY, YO SOY, YO SOY quien abunda en
puro amor por el gran nombre de Dios,
YO SOY, YO SOY, YO SOY completo
por tu patrón de perfección tan bello,
YO SOY, YO SOY, YO SOY la radiante llama
del amor de Dios que desciende gentilmente por el aire.

¡Desciende a nosotros! (3x)
¡Resplandece en nosotros! (3x)
¡Satúranos! (3x)

¡Y con plena Fe acepto conscientemente que esto se manifieste, se manifieste, se manifieste! (3x), ¡aquí y ahora mismo con pleno Poder, eternamente sostenido, omnipotentemente activo, siempre expandiéndose y abarcando el mundo hasta que todos hayan ascendido completamente en la Luz y sean libres!
¡Amado YO SOY! ¡Amado YO SOY! ¡Amado YO SOY!

2
Amor, luz
y energía

Vivir el Amor verdadero depende de vuestro libre albedrío...

Dios Todopoderoso... os creó a partir de su propio ser y fuego sagrado, a vosotros y a vuestro amado [o amada]. Haceos responsables de vuestras carencias y llenad el vacío con devoción y oración. Ascended por la escalera del ser hasta que estéis listos para las pruebas y los triunfos de un Amor perfecto.

CHAMUEL Y CARIDAD
ARCÁNGELES DEL AMOR

Más allá del cuerpo físico

Habiendo descrito los tipos básicos de conexión que hacen que la gente se una, miremos con más detalle las energías espirituales que entran en juego en las relaciones a través del aura, los chakras y los cuerpos sutiles del hombre.

En el mundo actual se habla mucho de amor, pero a menudo la atención se enfoca en la atracción física o el amor sensual. Quienes están enamorados de verdad saben que el amor va más allá de las fronteras de lo físico. Los amantes divinos no se preocupan tanto por la apariencia física del amado o la amada, pues miran más allá del cuerpo. Aman al alma y comprenden que el cuerpo es simplemente una casa para el alma y el espíritu.

Lo que todos nosotros somos va mucho más allá de nuestro cuerpo físico. Somos almas enviadas por Dios para experimentar la vida en el mundo material. Tenemos un cuerpo físico a través del cual lo podemos hacer. También tenemos un cuerpo emocional (conocido como cuerpo astral) a través del cual sentimos; un cuerpo mental a través del cual pensamos; y un cuerpo etérico o cuerpo de la memoria en el cual está grabado todo nuestro pasado, incluidos los registros de vidas pasadas. Estos cuatro cuerpos inferiores son fundas de conciencia que se interpenetran y visten al alma.

Más allá, existen niveles de conciencia aún más elevados, planos más allá de los reinos del tiempo y el espacio. Se trata de los tres cuerpos superiores de espíritu puro. En su conjunto se los conoce como el Yo Superior.

La relación entre el yo inferior y el Yo Superior está ilustrada en la Gráfica de tu Yo Divino, que se encuentra en la página al frente. El alma vestida con sus cuatro cuerpos inferiores corresponde a la figura inferior de la Gráfica. El Yo Superior lo forman las figuras media y superior.

En el centro de la figura superior está la Presencia YO SOY, la presencia del Dios vivo que se individualiza para cada uno de nosotros. La Presencia YO SOY está rodeada de esferas de luz conocidas como el cuerpo causal; esferas dentro de otras esferas, nuestros tesoros guardados en el cielo, todo lo bueno que somos y que hemos sido.

La figura media de la Gráfica es el Santo Ser Crístico, que es la conciencia del Cristo en nosotros, el guía interior, el instructor interno, nuestro ángel de la guarda. El Yo Superior es una representación de la conciencia de Cristo, de Buda, de la luz eterna. Cuando escuchamos a nuestro Yo Superior, tomamos mejores decisiones y la vida nos va mejor. Cuando ignoramos lo que nos quiere decir, que a menudo nos llega como una vocecita queda en nuestro interior, la voz de la conciencia, entonces tenemos problemas.

Todos tenemos en nuestro interior un ideal superior sobre el amado o la amada: el caballero, el defensor, la dama de la llama. Esa imagen es un arquetipo que representa el Santo Ser Crístico de nuestra llama gemela.

Los tres cuerpos superiores y los cuatro inferiores componen los siete cuerpos del hombre. El número siete es un número místico; no es por nada que hay siete días de la semana, siete colores del arco iris, siete centros de energía en el cuerpo humano y siete cuerpos. El mundo espiritual tiene su reflejo en el material y en nuestro cuerpo físico.

Al comprender esto, podemos ver por qué el amor a menudo

La Gráfica de tu Yo Divino

es una experiencia tan intensa, pues sentimos el amor en los cuatro cuerpos inferiores: en nuestro mundo de sentimientos y pensamientos y con nuestros sentidos físicos. Y en su más profunda expresión, el amor es un intercambio que se produce en el nivel del Yo Superior también.

Todos buscamos amor, pero quizá no nos demos cuenta de que el amor también nos busca a nosotros. Puede que sientas una ausencia de amor o que tengas un sentimiento de pérdida o soledad. Ese sentimiento hueco podría deberse no solo a la ausencia de una pareja en la vida, sino más al anhelo por tu amado, tu equivalente en el cielo, tu Yo Superior.

La vida entera es una sola en los niveles del Espíritu puro y cuando busques una relación más íntima con Dios y tu Yo Superior, comenzarás a tener ese sentimiento de unidad con la vida entera. Comenzarás a atraer cada vez más tu misión y tu plan.

Estamos destinados a tener una relación de amor con nuestro Yo Superior y con Dios. Cuando tengamos tal relación, esta afectará positivamente todo lo que hagamos y a todos aquellos con quienes nos encontremos. Esto puede marcar una profunda diferencia en tu vida. Como dijo Mary Baker Eddy: «El Amor Divino siempre ha satisfecho y siempre satisfará todas las necesidades humanas»[1].

Tus siete centros de energía

En nuestro cuerpo tenemos siete centros principales de energía llamados «chakras». Estos centros espirituales regulan el flujo de la energía de Dios por los cuatro cuerpos inferiores. En estos centros es donde sentimos el flujo del amor, de la luz, de la energía espiritual.

Los siete chakras principales se encuentran a lo largo de la columna vertebral, desde la base hasta la coronilla. Cada chakra se representa simbólicamente como un loto y se atribuyen un número distinto de pétalos a cada uno de ellos. Cuantos más pétalos posea el chakra, más elevada será su frecuencia o vibración.

Los chakras no son puntos de luz estáticos, sino centros de energía dinámicos que continuamente absorben, almacenan y libera luz espiritual. El flujo de esa luz afecta al tamaño y la calidad del aura. El uso y el cuidado correcto de estos sutiles centros de energía resulta en una mayor vitalidad del cuerpo físico, así como de los cuerpos mental, emocional y etérico.

Todos los días tomamos decisiones sobre cómo utilizar la energía que Dios nos envía a través del cordón cristalino, que nos conecta con nuestro Yo Superior. Esas elecciones diarias —cómo amamos, las palabras que pronunciamos, los pensamientos que tenemos y las acciones que tomamos— determinan qué energía enviamos al mundo, la cual algún día nos regresará como karma, ya sea bueno o malo. Del mismo modo que

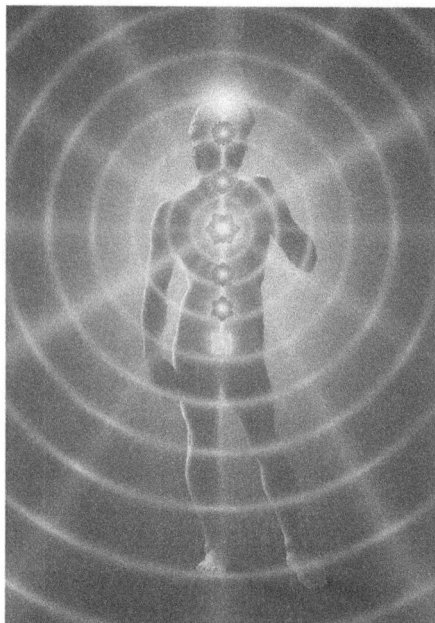

nuestras decisiones sobre la alimentación y el estilo de vida afectan a la salud y la vitalidad del cuerpo físico, la manera en que utilizamos la energía de los chakras puede tener una gran influencia en el flujo de energía espiritual en nuestra vida.

En esta ilustración se muestran los chakras como centros radiantes de luz, tal como aparecen en un cuerpo etérico purificado. En orden ascendente a lo largo de la columna, los siete chakras y sus colores puros son: base de la columna (blanco), sede del alma (violeta), plexo solar (morado y oro), corazón (rosa), garganta (azul), tercer ojo (verde) y coronilla (amarillo).

El centro del corazón es el más importante. Es el eje de la vida, física y espiritualmente. Tal como el corazón bombea la sangre hacia el resto del cuerpo, toda la energía que recibimos de Dios pasa por el chakra del corazón antes de dirigirse hacia los otros chakras y sistemas del cuerpo para alimentarlos.

El corazón es también el sitio donde sentimos amor, tanto

humano como divino. Esto lo sabemos por intuición. Decimos que queremos ganarnos el corazón de alguien, hablamos de un corazón tierno, de un corazón lleno de amor, de un corazón roto. El amor se simboliza como un corazón ♥.

Claro que el foco del amor no es solo el corazón físico. El verdadero centro de amor es el chakra de doce pétalos en el centro del pecho, el centro espiritual asociado con el corazón físico.

Si concentramos nuestras energías en el corazón, podemos generar un imán de amor más grande. Tal como ejercitamos el corazón físico, también podemos ejercitar el espiritual para que pueda dar y recibir más amor. Lo que sigue es un mantra y una meditación para generar un imán de amor más grande en el corazón.

YO SOY la Luz del Corazón

YO SOY la Luz del Corazón
brillando en las tinieblas del ser
y transformándolo todo en el dorado tesoro
de la Mente de Cristo.

YO SOY quien proyecta mi Amor
hacia el mundo exterior
para derribar las barreras
y borrar todo error.

¡YO SOY el poder del Amor infinito
amplificándose a sí mismo
hasta ser victorioso
por los siglos de los siglos!

La luz es el imán

Para realizar nuestro plan divino y nuestra misión en la vida, debemos acumular luz en el corazón y en todos nuestros chakras. Además, esa luz se convertirá en un imán que podrá atraer todo aquello que necesitemos para el cumplimiento de ese plan y esa misión, incluyendo la pareja adecuada en la vida. Sin embargo, al final, mucha gente sufre una pérdida de luz en su aura y sus centros espirituales. Esas personas pierden luz a diario, en vez de almacenarla en sus chakras y utilizarla para realizar cosas positivas.

Existen muchas formas de perder la luz. Cuando criticamos, cuando no mostramos cariño y somos indiferentes o cuando manifestamos desarmonía, la luz de los chakras sufre un abuso o se pierde. Cuando nos enojamos o nos permitimos diatribas contra alguien, perdemos luz. Podemos perder luz en el chakra de la garganta al pronunciar palabras desagradables o llenas de ira. La podemos perder en el chakra del plexo solar a través del abuso de la energía emocional; o en el corazón si tornamos el amor en odio.

Las decisiones que tomemos en lo que respecta a nuestro estilo de vida también tendrán un efecto en la cantidad de luz que tengamos. Por ejemplo, fumar no solo daña la salud física, sino que también interfiere con el funcionamiento del chakra del tercer ojo y el de la coronilla. Si elegimos consumir drogas o alcohol, no solo correremos el riesgo de hacernos adictos, sino que además sufriremos una pérdida de luz porque esas sustancias pueden producir agujeros o desgarres en nuestro campo áurico y en nuestros centros espirituales.

Otra forma de perder luz es a través de relaciones que son poco sanas para nosotros. Muchos de nosotros recordaremos haber tenido una amistad o una relación en la que sentíamos que nos utilizaban. Al final nos dimos cuenta de que la otra persona no se preocupaba por nosotros y simplemente estaba llevándose lo que podía, física, emocional o espiritualmente. En pocas palabras, esa clase de gente nos quitará luz del aura si se lo permitimos. Cuanto más involucrados estemos con personas así, más luz perderemos.

Podemos perder luz debido al mal uso que hagamos en cualquiera de los chakras, y esa pérdida de luz producirá una espiral descendente que puede culminar en problemas de todo tipo. Nos podremos sentir cansados, fatigados o indiferentes, desmotivados, desanimados con facilidad o deprimidos. Cuando no tenemos la luz que deberíamos tener, perdemos el sentimiento de alegría y el de tener un propósito en la vida. Finalmente, tenemos menos energía para las actividades y los proyectos que realmente queremos llevar a cabo. Cuando perdemos nuestra luz, también nos volvemos menos atractivos hacia los demás y asumimos un aspecto cansado y gastado, que vemos con frecuencia en las personas que se permiten costumbres negativas.

La mayoría de la gente comprende este funcionamiento en el cuerpo físico y comprende que, cuidando del cuerpo con buena alimentación y ejercicio, tendrá más vitalidad y mejor salud. Piensa qué distinto sería el mundo si la gente se esforzara tanto por su salud espiritual como lo hace por su cuerpo físico; si se preocupara tanto por mantener su aura limpia tanto como su ropa.

La luz de los ojos, la de los chakras, nuestra salud mental

y emocional, todas esas cosas son, al menos, tan importantes como la salud física a largo plazo. En última instancia, la luz del aura es el imán que lleva a la gente a unirse, aún más que la simple apariencia física.

El siguiente mantra se puede usar para expandir la luz del aura y de los chakras. Al recitar las palabras, ve y siente las acciones que se describen como si tuvieran lugar dentro de ti.

YO SOY Luz

YO SOY Luz, candente Luz,
Luz radiante, Luz intensificada.
Dios consume mis tinieblas,
transmutándolas en Luz.

En este día YO SOY un foco del Sol Central.
A través de mí fluye un río cristalino,
una fuente viviente de Luz
que jamás podrá ser cualificada
por pensamientos y sentimientos humanos.
YO SOY una avanzada de lo Divino.
Las tinieblas que me han usado son consumidas
por el poderoso río de Luz que YO SOY.

YO SOY, YO SOY, YO SOY Luz;
yo vivo, yo vivo, yo vivo en la Luz.
YO SOY la máxima dimensión de la Luz;
YO SOY la más pura intención de la Luz.
YO SOY Luz, Luz, Luz
inundando el mundo doquiera que voy,
bendiciendo, fortaleciendo e impartiendo
el designio del reino del cielo.

El chakra de la base

Uno de los chakras más importantes que hemos de comprender es el de la base de la columna. Muchas personas pierden muchísima luz por ese chakra, especialmente a través de la actividad sexual exacerbada, ya que con demasiada frecuencia parecen empujadas y guiadas por sus deseos y, en particular, por sus impulsos sexuales. Quizá estén buscando amor y una relación del corazón, pero acaban con lazos y relaciones sexuales que están en el nivel del chakra de la base.

De los siete chakras, este es frecuentemente el más difícil de dominar. A menudo produce la mayoría del dolor que sentimos en la vida debido a las dolorosas relaciones que se generan y a una pérdida de luz. Pero cuando comprendemos la finalidad que tiene este chakra y conseguimos algo de maestría sobre su energía, aparecen grandes recompensas.

Los sabios de Oriente enseñan que existe una fuerza vital espiritual y primordial conocida como «Kundalini» que está encerrada dentro del chakra de la base de la columna. Ahí sentimos el poder de la creación y su capacidad de procrear.

El chakra de la base es el punto más bajo al que la luz desciende en la columna vertebral. Es el sitio de la luz blanca, o fuego blanco, que es, espiritualmente hablando, energía sagrada o fuego sagrado. De hecho, *la energía sexual es energía sagrada.* Las relaciones sexuales deben ser una unión sagrada entre las energías del hombre y la mujer.

La luz Kundalini no debe permanecer en el chakra de la base. Debe ser elevada por la columna, alimentando y activando así cada chakra a lo largo del camino, haciendo que gire la «rueda» del chakra, haciendo que florezca el «loto».

A su vez, esa luz está destinada a amplificar y fortalecer la expresión positiva de cada chakra. En el de la base la luz se expresa como pureza, disciplina, plenitud y la integración de nuestro ser espiritual y físico. En el de la sede del alma esta luz fortalece y cura al alma, así como la expresión de libertad, misericordia, perdón, alquimia e intuición.

En el plexo solar la luz fortalece el cuerpo emocional y la expresión del deseo correcto, la paz, la hermandad y el servicio altruista. En el chakra del corazón la luz se expresa como amor, compasión, creatividad, caridad y generosidad.

El chakra de la garganta es el centro del poder, la fe, la voluntad, la dirección y el valor. A través del tercer ojo la luz se expresa como verdad, visión, claridad, abundancia, ciencia, música y la capacidad de precipitar desde el espíritu a la materia. El chakra de la coronilla es el centro de la sabiduría, la iluminación, el conocimiento de uno mismo y la conciencia cósmica.

Cada día nuestro Yo Superior nos concede una cantidad determinada de energía espiritual. Esta nos capacita para pensar, sentir, hablar, actuar y cumplir nuestro propósito en la vida. Tenemos el libre albedrío de decidir qué hacer con esa energía que fluye hacia nosotros todos los días.

Podemos elevar esa luz en nuestros centros espirituales como apoyo a todo lo que deseamos lograr en todos los niveles de la conciencia. También podemos disiparla en cualquiera de los chakras mediante actividades desequilibradas que no aportan nada a nuestro sendero espiritual y que incluso pueden hacernos daño a nosotros y a otras personas.

Cuando conservamos la energía Kundalini que reside en el

chakra de la base de la columna y la elevamos para que alimente los demás centros, esta puede activar nuevos niveles de percepción espiritual dentro de nosotros. Si perdemos esa luz, reducimos la cantidad de energía disponible para elevarla a través de los otros chakras; así, el poder latente de estos últimos permanece desaprovechado. Si no elevamos esa luz, descubriremos que se acumulará en el chakra de la base, exigiendo un escape.

La acumulación de la energía en el chakra de la base puede resultar en un enfoque exacerbado en el sexo y en un uso erróneo de la energía en otros chakras, como los ataques de ira, los abusos físicos, la adicción a las drogas u otras actividades destructivas. Incluso la charla incesante puede ser una manifestación de la energía sexual desviada.

Cuando conservemos la energía que recibimos de la Fuente Divina, la tendremos disponible para nuestra creatividad en todas sus formas. Esa luz nos da la capacidad de ser más alegres y eficaces en todo lo que hagamos. Y también la tendremos disponible para que atraigamos a la mejor pareja posible en la vida, aquella persona que haya sido designada divinamente como nuestra compañera.

Desgraciadamente, nadie enseña a la mayoría de las personas hoy día cómo conservar la energía en los centros espirituales ni como elevar la luz hacia los chakras superiores. Mucha gente anda apesadumbrada por la energía acumulada en el chakra de la base de la columna porque no sabe cómo manejarla.

Más delante examinaremos unas técnicas espirituales que nos pueden ayudar a conservar el fuego sagrado, que es la energía espiritual del chakra de la base, y a elevarlo hacia los centros superiores.

El sexo no es un pecado

En Occidente nos pesa el concepto de que el sexo y la actividad sexual son, en sí mismos, pecaminosos y que tienen algo que ver con el «pecado original».

Esta idea no es algo que se encuentre en la Biblia. De hecho, el «pecado original» de Adán y Eva (cuya historia representa en forma alegórica la caída del hombre) fue por desobediencia a las leyes que Dios había establecido para que hicieran el sendero espiritual en la Escuela de Misterios, conocida como el Jardín del Edén.

Habiendo desobedecido y abandonado su sendero de iniciación, sabían que estaban «desnudos» por haber perdido la luz original del aura, que era la vestidura del alma. Puesto que no podían permanecer en su paraíso del mundo celestial, la Biblia relata que Dios les hizo «túnicas de pieles»; en realidad los cuerpos físico, mental y emocional, que servirían como vehículos para el alma en los reinos inferiores.

Los teólogos cristianos primitivos, sin comprender la naturaleza de la alegoría ni sus lecciones, interpretaron la historia de Adán y Eva de una forma literal. Ante toda la evidencia de lo contrario, decidieron que Adán y Eva fueron el primer hombre y la primera mujer de la Tierra y que vivieron alrededor del año 4.000 a. C. También llegaron a la conclusión de que el pecado original de Adán y Eva fue un tema de sexo. Desde entonces llevamos viviendo con esa carga del sexo.

Cuando se lo entiende correctamente, el sexo no es algo pecaminoso. Es simplemente energía en movimiento. La palabra «sexo» se puede interpretar como un código que indica el intercambio de energía sexual. El acto de la relación sexual es un intercambio de energía sagrada, que lo es si los participantes se consagran para ello y la reverencian.

Sin embargo, también se puede usar mal esa energía sagrada, y cuando esto ocurre incurrimos en karma. También podemos crear un desequilibrio en el chakra de la base mediante un enfoque exacerbado en la actividad sexual o un sentimiento de culpa excesivo por la sexualidad o un temor hacia ella. Por ello es por lo que todas las tradiciones espirituales contienen líneas directrices para el buen uso de la energía sexual. La mayoría de ellas también enseñan que el sexo, en equilibrio y en el contexto adecuado, es algo sano e incluso sagrado cuando se mantiene dentro de un círculo de compromiso y con los votos del matrimonio.

La sexualidad sagrada puede ser una experiencia íntima con Dios y con la energía divina que yace en nosotros y nuestra pareja si la unión está santificada. Precisamente debido a la sacralidad de la energía del amor, es importante que tratemos nuestras relaciones como algo sagrado. Este es el motivo por el cual las personas han de ponerse ante un representante de Dios (ya sea un ministro religioso, un sacerdote o un rabino) para la consagración de sus votos matrimoniales.

La polaridad divina en nosotros

Muchas religiones del mundo nos enseñan cosas sobre nuestro aspecto femenino o intuitivo y sobre Dios como Madre. La tradición judía habla de «Shekhiná», el hinduismo hace referencia a «shakti», el taoísmo habla del «yang» y el «yin», los principios masculino y femenino en toda la creación. Incluso el catolicismo posee una representación de la Madre en las santas, especialmente en la persona de María.

En un sentido más amplio, el universo físico representa el principio femenino de Dios o Madre, tal como el universo espiritual representa el principio masculino o Padre. La Materia se convierte en el instrumento del Espíritu, permitiendo que lo no manifestado se manifieste como el mundo de la forma.

Las múltiples deidades femeninas y santos de Oriente y Occidente son personificaciones del aspecto femenino de Dios que nos enseñan con su ejemplo cómo tanto el hombre como la mujer pueden realizar su propio potencial femenino, pues ambos poseen una parte femenina del ser, el lado que desarrolla y mantiene las relaciones, el que cuida, apoya, consuela y cura.

El sitio donde Dios reside como Madre dentro de nosotros es el chakra de la base de la columna. Su energía es denominada como luz de la Madre. Es el aspecto más femenino del ser, tanto en el hombre como en la mujer. La luz correspondiente a Dios Padre está afianzada en el chakra de la coronilla, en la parte superior de la cabeza.

En nuestro mundo moderno, la luz de la Madre con frecuencia se pierde antes de elevarse debido a que es dirigida hacia una actividad sexual exacerbada (incluso durante la adolescencia o aún antes). La luz del Padre se pierde mediante el uso del alcohol, las drogas y el tabaco, lo cual daña no solo el cerebro físico, sino los chakras espirituales de la coronilla y el tercer ojo.

Todos estamos destinados a tener una relación con la parte femenina divina dentro de nosotros, teniendo también una relación con la parte masculina divina. Nuestras relaciones externas deben apoyar y desarrollar esas cualidades interiores. Una mujer en la vida de un hombre puede ayudarlo a que exteriorice su naturaleza femenina interior: su intuición, empatía y capacidad de ser amable y de cuidar. De forma parecida, un hombre puede ayudar a una mujer a manifestar su lado masculino interior: su fortaleza, valor y capacidad de pasar a la acción considerada y decisivamente.

Cuando mantenemos un flujo de energía vital y equilibrado a través del chakra de la base, somos capaces de expresar las cualidades de la parte femenina divina. Somos capaces de cuidar de otras personas y volvernos más sensibles hacia sus necesidades.

En el nivel del chakra de la base podemos examinar nuestra relación con nuestro aspecto femenino y con nuestra alma. Tanto si en esta vida tenemos un cuerpo femenino como masculino, nos podríamos hacer las siguientes preguntas:

¿Honro y respeto a la mujer?

¿Soy capaz de expresar mi lado intuitivo, el que se ocupa de cuidar?

¿Me tomo el tiempo de cuidar de mí mismo?

La respuesta a estas preguntas tiene mucho que ver con la maestría que tengamos sobre la luz de la Madre Divina en el chakra de la base de la columna. También tiene importantes implicaciones en lo que respecta a cómo utilizamos la fuerza vital y cómo expresamos nuestra sexualidad.

También nos podríamos hacer las siguientes preguntas, las cuales tienen que ver con nuestra relación con las energías del Padre:

¿Honro y respeto al hombre?

¿Soy capaz de expresar mi propia fortaleza y pasar a la acción de forma decisiva cuando hace falta?

¿Tengo el valor de explorar cosas nuevas —incluso nuevas dimensiones del ser— y aventurarme fuera del ámbito en que me siento cómodo?

Teniendo un conocimiento del yin y el yang, del Padre Divino y la Madre Divina en nosotros, también obtenemos profundas ideas sobre nuestras relaciones. Al honrar esos aspectos de nuestro propio yo interior, podemos honrarlos y respetarlos en los demás. Ambas cosas son esenciales para nuestro crecimiento y nuestra plenitud, interiormente y en nuestras relaciones.

La era de Acuario es la era de la Madre Divina, por tanto, al entrar en este nuevo ciclo, estamos ante un momento especial para que el hombre y la mujer desarrollen su relación con el aspecto femenino divino. A menos que hombre y mujer sean capaces de expresar su lado intuitivo y respetar las cualidades del lado femenino divino, es improbable que ninguna relación apoye el crecimiento espiritual de las personas a largo plazo.

La meta de la vida

La maestría sobre el chakra de la base de la columna y la luz que este contiene nos da la capacidad de tener una vida llena, lograr nuestras metas y alcanzar nuestros sueños más grandes. Nos ayuda también a atraer la pareja que tenemos destinada para nuestra misión en la vida.

Sin embargo, existe un propósito aún mayor. Cuando se domina esa luz y esa energía, estas se convierten en el medio para la reunión con el Yo Superior. Esta reunión es la unión mística con Dios de la que hablan santos y místicos.

La luz sagrada de la Madre Divina encerrada en el chakra de la base de la columna es la energía que necesita el alma para tejer la vestidura que debe tener para poder conseguir esta unión divina. Tal vestidura también se conoce en la tradición esotérica como el «cuerpo solar imperecedero» y la reunión se conoce como «la ascensión».

Jesús es un ejemplo de alguien que llegó a reunirse con la luz de Dios; él demostró el ritual de la ascensión en el monte de Betania. Pero Jesús no es el único que ha ascendido. La Biblia dice que Elías subió al cielo «en un torbellino» y que Enoc, el séptimo desde Adán, «caminó, pues, con Dios, y desapareció, porque le llevó»[2]. En el cielo hay muchos otros que también se han reunido con Dios. Gautama Buda, Teresa de Lisieux, Krishna, María, Madre de Jesús, Saint Germain, San Francisco, El Morya y muchos otros, conocidos o desconocidos, se encuentran entre los que el Apocalipsis describe como «una gran multitud... vestidos de ropas blancas»[3].

Muchos de ellos en su tiempo vivieron en la Tierra, como nosotros. Por tanto, estamos destinados a seguir sus pasos. Se llaman maestros ascendidos porque han elegido dominar la luz y elevarla por los chakras hasta que su cuerpo, mente y alma se unieron a la luz de Dios. Ellos ascendieron al «cielo», a los planos del Espíritu, para unirse a esa luz.

La ascensión es en realidad una aceleración de conciencia, una aceleración de vibración y frecuencia. Es el proceso por el cual el alma (el aspecto femenino de nuestro ser), habiendo saldado su karma y cumplido su plan divino, se une primero con la conciencia Crística y, después, con la Presencia viva del YO SOY EL QUE YO SOY (el aspecto del Espíritu o aspecto masculino de nuestro ser). Una vez ascendida, el alma se convierte en el Ser Incorruptible, un átomo permanente en el cuerpo de Dios que jamás volverá a salir para realizar las rondas del renacimiento.

Simbólica y espiritualmente, la ascensión es como un matrimonio. De hecho, es conocida como el «matrimonio alquímico»; y Jesús describió en la parábola la vestidura que el alma debe tejer para prepararse para esa reunión, llamándola el «vestido de boda»[4]. En ese ritual el alma se reúne con Dios.

Sea cual sea nuestro sendero exterior en la vida, la ascensión es la meta suprema para la evolución del alma en la tierra. Más allá de obtener felicidad y realización como beneficios, la razón más importante para conservar el fuego sagrado en todos nuestros centros espirituales es que necesitamos esa luz y energía para tejer el vestido de boda y estar preparados para la reunión con Dios al final de esta vida.

Quienes han alcanzado esa meta nos dicen que la dicha de esa reunión final trasciende con mucho cualquier otra cosa que hayamos vivido en la tierra. Ello incluye la reunión con nuestra llama gemela.

Una cosa es conocer el amor y la alegría de encontrarte con tu llama gemela aquí, en la tierra, y otra totalmente distinta es estar unidos a nuestra llama gemela en los reinos del Espíritu puro.

La atracción del yo inferior

Si el sendero de luz es tan claro y sencillo, si las recompensas son tan grandes, ¿por qué no hay más gente haciéndolo? ¿No querría todo el mundo vivir la dicha de esa reunión divina?

El problema es que hemos olvidado que esa es la meta. A lo largo de muchas vidas hemos vivido en el mundo y seguido muchos caminos. Nos hemos permitido sentir ira, egoísmo y abusar de nuestra luz. Nos hemos permitido los placeres temporales. Hemos desarrollado hábitos, impulsos acumulados e incluso adicciones. La energía con que hemos alimentado esos modelos negativos ha asumido vida y conciencia propias, algo que en la tradición esotérica se conoce como el morador del umbral.

Ese yo inferior es una parte de nosotros mismos de la cual, cuando actúa, apenas somos conscientes, porque normalmente se encuentra justamente por debajo del umbral de la percepción consciente. Vemos indicios de su presencia cuando nos enojamos, nos irritamos o perdemos los estribos. Es el yo inferior el que se deprime y nos provoca para que digamos cosas desagradables y seamos desconsiderados en nuestras acciones, dejándonos con la pregunta de cómo hemos podido ser tan crueles.

Todos poseemos un Yo Superior y un yo inferior, y tenemos la oportunidad a cada momento y cada día de elegir entre ambos: luz u oscuridad, sabiduría o ignorancia, amor u odio, luz o antiluz, nuestra naturaleza divina o el yo inferior. Aquí está el punto en el que la lucha entre el bien y el mal tiene lugar.

Recuerdo una persona que conocía demasiado bien la lucha con el yo inferior. Constantemente llegaba a un punto en el que se descontrolaba con ira. Con demasiada frecuencia se veía a sí mismo explotar contra un compañero de trabajo o marcharse de la sala por no querer continuar una conversación. Cuando hubo atravesado una puerta con el puño, supo que necesitaba ayuda y empezó a asistir a clases para manejar la ira.

A veces el yo inferior se manifiesta de maneras más sutiles. Había otra persona a la que se le escapaban sutiles palabras contra sus amigas, y no le gustaba ser tan crítica con otras personas. Se esforzó por morderse la lengua y suprimir esos comentarios desagradables.

Aunque a veces pueda parecer algo muy real, el yo inferior no lo es en última instancia. Es como un espejismo, aquello que llaman en Oriente «maya» o ilusión. Sin embargo, debemos afrontar el yo inferior y sus impulsos acumulados mientras vivamos en este reino del tiempo y el espacio.

Una vida centrada en el yo inferior y sus deseos detiene todo el progreso de la evolución del alma. A veces la gente se queda estancada así durante siglos enteros, apenas dedicando pensamiento alguno a Dios o a su propia realidad interior. Este es uno de los motivos por los que es importante que los niños y los jóvenes tengas oportunidades de hacer devociones espirituales y dar a los demás un servicio altruista. Los modelos establecidos en esos primeros años con frecuencia establecen el rumbo de toda una encarnación.

Todos necesitamos oportunidades para dar amor a los demás, ya sea ayudando a nuestros parientes, alimentando a los que no tienen casa, trabajando como voluntarios o haciéndolo en una profesión que preste algún servicio a los demás. Al ayudar a los demás con un amor altruista nos acercamos más a nuestro Yo Superior, sentimos una alegría más grande en el corazón, sentimos que tenemos un propósito y que nuestra vida tiene significado.

Podemos batir en inteligencia a ese yo inferior si nos sintonizamos con nuestro Yo Superior y seguimos su guía. Y nos podemos acordar de que, cuando consigamos finalmente la victoria, cuando nuestra alma se una con el Yo Superior y regrese al cielo para no volver a salir jamás, el yo inferior no encontrará lugar allá; dejará de existir.

Ciclos kármicos

Una de las leyes del universo es que la energía ni se crea ni se destruye, simplemente se mueve, fluye y cambia de una forma a otra.

Recibimos energía continuamente. Esta desciende desde nuestro Yo Superior, pasando por el cordón cristalino, para que la enviemos hacia el mundo. ¿Qué le ocurre a esa energía?

Cuando nos regresa, la energía que hayamos cualificado con luz se agrega a las esferas de nuestro cuerpo causal. La que hayamos cualificado con oscuridad no puede elevarse a esas esferas y se acumula, en cambio, formando un campo que nos rodea en los planos de la materia.

Ese campo energético se llama «cinturón electrónico» y contiene las energías de karma negativo que necesitan ser equilibradas antes de que el alma pueda reunirse con la Presencia YO SOY. El campo energético rodea la parte inferior de cada uno de nosotros y contiene el registro entero del aspecto negativo de la evolución del alma en la tierra. Tiene una forma como la mitad inferior de un huevo y va desde el ombligo (o el plexo solar) hasta debajo de los pies.

La mayoría de nosotros no tenemos ningún recuerdo de las experiencias del alma en vidas anteriores, pues estas han sido ocultadas bajo la superficie de la percepción consciente. Sin embargo, cuando las energías encerradas en esas experiencias emergen en nuestra vida para que las resolvamos, nos hacemos conscientes de ellas.

Las situaciones que nos encontramos en las calles de la vida cada día aparecen, en realidad, porque los ciclos del karma se van desplegando. Tanto las fuerzas positivas como las negativas terminan su ciclo apareciendo, para que puedan ser equilibradas. Cuando los ciclos de luz regresan podemos aprovecharlos al máximo, multiplicar la luz y añadir otro incremento a nuestro cuerpo causal. Podemos liberar esa energía de los modelos negativos y volver a cualificarla con luz.

Cuando odios y hostilidades y los registros de intercambios violentos emergen mientras estamos con otra persona, nos podemos ver sujetos a los celos, la ira, el resentimiento, la ansiedad o a una multitud de reacciones negativas. Experiencias así son un toque de alerta que nos indica que hay concentraciones de energía que están emergiendo desde el subconsciente o el inconsciente, desde el cinturón electrónico. Al ser conscientes de ello, podemos aprender a gobernar esas energías, que son registros de errores pasados. Tenemos la oportunidad de restaurar el equilibro en nosotros y con otras personas. Al mismo tiempo, aprendemos el arte de la automaestría.

Accidentes, lesiones, enfermedades repentinas, cambio de acontecimientos en los negocios, en el hogar o en el matrimonio son cosas que también pueden denotar el descenso del karma, liberado a través del movimiento cíclico de la energía desde el cinturón electrónico. Cuando lo observamos, podemos saber que es el momento de rezar, meditar en Dios y utilizar la llama violeta para transmutar esos registros kármicos.

La química de la atracción

Quizá hayas conocido alguna vez a alguien y hayas sentido una atracción instantánea y magnética, como si una corriente te llevara mar adentro. Esto puede ser algo a la vez emocionante y perturbador. ¿Qué provoca ese magnetismo o atracción?

Como se mencionó anteriormente, una atracción intensa puede ser el resultado del karma. Este produce una atracción magnética porque es energía que desea ser equilibrada. Dios como energía es prisionero de los modelos imperfectos y esa energía desea ser libre.

El magnetismo del karma negativo se puede sentir incluso como un intenso amor; y algunas veces solo a través del amor intenso puede saldarse el karma intenso. Las atracciones por karma pueden llevar al enamoramiento y el amor puede durar un período más o menos largo. Puede prolongarse hasta que el karma esté saldado o puede llegar un período en el que «la luna de miel se acaba» y se hace difícil mantener el amor en medio del karma.

Las personas también pueden sentirse atraídas mutuamente no por el karma, sino debido a que poseen una sustancia en su cinturón electrónico parecida, lo cual forma una polaridad en el nivel de los chakras inferiores. Atracciones así se sienten con frecuencia como una energía en esos chakras. A veces el resto de las personas presentes en ciertos momentos también son conscientes de ese magnetismo, sintiéndolo como una «electricidad» o tensión sexual.

Si una atracción así acaba en contacto sexual se producirá un intercambio de energías en el cinturón electrónico. La energía puede encenderse y producir una descarga, que puede ser muy intensa, aunque sea efímera. La electricidad se disipará, pero las personas no ganarán nada; antes, se producirá una pérdida de energía sin que tenga lugar ningún intercambio de energía en los niveles superiores de conciencia.

Pero no todas las atracciones se deben al karma negativo o a la sustancia del cinturón electrónico. Existen lazos de luz y de buen karma, y existe la polaridad de los modelos en la Presencia YO SOY y el cuerpo causal.

A veces un sentimiento o una sensación de familiaridad surge de una meta compartida o intereses comunes. Ello también puede surgir de un karma positivo o de impulsos acumulados por haber prestado servicio juntos en el pasado. Ese sentimiento puede transformarse en una forma más profunda de amistad o incluso de amor mutuo. Esto puede ocurrir en las relaciones entre llamas gemelas, almas compañeras o en las relaciones kármicas.

También existe algo que podemos concebir como el típico «amor a primera vista», el inmediato reconocimiento de un alma o de la llama gemela.

Una de las dificultades que existe en las relaciones es el discernir la naturaleza de las atracciones y los sentimientos, saber seguir los que tienen un origen superior y ser capaces de resolver y poner a un lado los que no serían productivos para la evolución del alma.

Cómo conocer
a tu llama gemela

Tanto Valerie como Manuel tenían cincuenta y tantos años cuando se conocieron. Estaban en los extremos opuestos de una sala cuando se vieron y se reconocieron inmediatamente. Al presentarse, contaron ellos después, fue como «llegar a casa». Eran llamas gemelas que se reunían tras largas vidas de separación.

La gente se imagina muchas veces que el encuentro con la llama gemela es un enamorarse instantáneamente, como lo fue para Valerie y Manuel, como las historias de amor y los cuentos; ver a un extraño «a través de una sala llena de gente» y saber inmediatamente que esa es la persona ideal.

La situación puede ser así o puede no serlo. No se puede saber con exactitud qué ocurrirá en el primer encuentro de las llamas gemelas.

Puede producirse un reconocimiento inmediato, pero si bien eso es cierto, las llamas gemelas pueden no reconocerse al primer encuentro. Quizá porque tengan karma de vidas enteras de separación, y el karma ciega. Podría no ser hasta que el karma sea saldado que la pareja llegue a reconocerse.

Es posible que las llamas gemelas ni siquiera se gusten al conocerse. Piensa en Elizabeth Bennet y el señor Darcy, de la novela de Jane Austen *Orgullo y prejuicio*, que trata de dos almas que debían estar juntas pero que sintieron una aversión mutua instantáneamente. No fue hasta que pudieron trascender la personalidad exterior y superar sus orgullos y prejuicios que pudieron estar juntas.

Ha habido muchos ejemplos en que las llamas gemelas no se gustaban al conocerse, y eso a veces duró hasta que resolvieron cierta cantidad de karma y llegaron a comprender lo profundo de la relación y el amor que compartían a niveles internos. Ese fue el caso de Walter y Eleanor, que vimos con anterioridad.

A veces las llamas gemelas tienen un karma tan intenso que no pueden estar juntas, pues las energías kármicas son tan volátiles que el amor se vuelve odio. Esta situación es trágica, y con certeza trae lágrimas a los ojos de Dios. No hay relación más dolorosa en el universo que la de llamas gemelas en discordia.

La lección de todo esto es que el reconocimiento de la llama gemela tiene poco que ver con el enamorarse en el sentido habitual de la palabra. Se trata, sin embargo, del reconocimiento de un modelo interior del alma, la comprensión del propósito divino, de que existe la otra mitad de la Totalidad divina. Las llamas gemelas se pueden enamorar para después llegar a entender la naturaleza de la relación interior, pero también el enamoramiento puede llegar algún tiempo después del reconocimiento de un destino compartido.

Desgraciadamente, en muchas ocasiones las personas se sienten atraídas hacia un miembro del sexo opuesto principalmente por el magnetismo kármico o por los modelos del cinturón electrónico. Frecuentemente este es el caso cuando la gente no ha buscado una conexión con su Yo Superior y se ha armonizado más con la mente, las emociones y los sentidos físicos exteriores.

Si quieres caminar por el sendero espiritual, a veces se hace necesario abrirse camino a través de las relaciones kármicas. Pero, al final, podemos esperar tener una relación basada en una realidad superior. En este caso no sirve de mucho hacer planes en lo exterior, pues no existen «cinco pasos fáciles» para hallar a tu llama gemela. El Yo Superior es la única guía de la que podemos depender. Si podemos aquietar la mente y las emociones lo suficiente para escuchar la «vocecita queda» de nuestro interior, podremos recibir la inspiración de una fuente superior. No se trata de una visión de la totalidad del sendero que nos espera, sino solo la del paso que hay que dar a continuación y que conduce hacia la meta.

Sería ideal que nos sintiéramos atraídos hacia nuestra pareja por ser conscientes de un destino común. Tendríamos la esperanza de reconocer al Amado o la Amada gracias a la luz del aura y la luz de sus ojos. Cuando los chakras están limpios, el aura purificada y la luz elevada en el templo corporal, esto es posible.

Ello no significa que en una relación así no exista toda la belleza, la alegría y la dicha de enamorarse en todos los sentidos de la palabra. Y no significa que no exista una atracción sexual verdadera y llena de amor entre la pareja. Sin embargo, el reconocimiento de la relación entre llamas gemelas se produce en un nivel superior y la expresión de amor a otros niveles surge a partir de esa relación y compromiso interiores.

3
Compromiso
y matrimonio

Ya se trate de la unión entre llamas gemelas,
almas compañeras o de una pareja kármica,
el matrimonio entre hombre y mujer tiene un
propósito místico: conmemorar la reunión del
alma con la amada Presencia YO SOY por
mediación del Cristo, el bendito Mediador.

ELIZABETH CLARE PROPHET

Los votos matrimoniales

as relaciones que tengamos en la tierra deben ser un reflejo del matrimonio entre el alma y Dios. Tu matrimonio divino también es una unión entre tú y tu llama gemela. Esto es el verdadero matrimonio hecho en el cielo.

Dios ha bendecido la institución humana del matrimonio como una conmemoración de esa unión divina y como una oportunidad para que las dos personas desarrollen su plenitud. Precisamente porque no somos plenos es que nos unimos para encontrar la plenitud y para que los dos se hagan uno solo. Aunque puede ser que no tengamos la oportunidad de conocer a nuestra llama gemela y casarnos con ella en esta vida, ello no altera la importancia espiritual que tiene el matrimonio, que siempre es una conmemoración de la unión con nuestra llama gemela y de la unión mística del alma con Cristo.

La ceremonia matrimonial confiere una bendición sobre la pareja que supone un refuerzo de su sendero. Pero eso es solo el principio. Cuando se hacen los votos, «en lo bueno y en lo malo, en la riqueza y en la pobreza», significa que desde ese momento se compartirá el karma con la otra persona.

El rechazo a compartir el karma de la otra persona con frecuencia es el motivo subconsciente por el cual algunas personas prefieren vivir en unión libre antes que casarse. Dicen que el matrimonio lo arruina todo, porque saben que al casarse notarán un cambio en la energía que llevan sobre sí mismos. En el matrimonio, cada lado lleva sobre sí mismo el karma y la carga de la otra persona. Ese es el trato: «Yo cargaré con tu karma; tú cargarás con el mío».

Por eso dice la Biblia que no hay que «unirse en yugo desigual»[1]. El tamaño del saco de karma de cada persona es distinto al de los demás y no es de justicia que un miembro de la pareja en el matrimonio tenga un saco kármico más grande que el otro. Ello podria llevar al resentimiento, ya que el que tenga menos karma acabaría cargando con el de la otra persona.

A medida que se van desplegando nuestros ciclos kármicos, podemos experimentar enfermedades o dificultades a lo largo del camino. Pero sabemos que esto fue lo que acordamos compartir. Cuando hacemos los votos matrimoniales, es como si nos pusiéramos un palo a los hombros y ambos colgáramos nuestro saco de karma del palo. Tenemos el doble de karma, pero ahora tenemos cuatro manos para llevarlo. Y, en general, cuando recorremos el sendero con otra persona, el karma no nos llega al mismo tiempo a los dos. Cuando él tiene un accidente automovilístico, ella hace la cita para la reparación. Él lleva el auto al taller y ella lo recoge. Pasamos por la dificultad juntos.

Tal como vivimos lo bello y dichoso del matrimonio, también compartimos el despliegue de karma a medida que recorremos juntos el camino de la vida. Y podemos recordar que cuando algo suceda, en vez de decir, «ha sido ella» o «ha sido él», podremos mirarlo como si fuera parte de nuestro propio karma, porque ahora somos uno solo y compartimos ese karma. Incluso eso se puede compartir con dicha si tenemos una perspectiva superior.

Jesús dijo: «Basta a cada día su propio mal»[2]; al día le basta el karma que le corresponda. Cada mañana, al amanecer, se libera el karma o la energía que debemos afrontar. Si lo transmutamos mediante el servicio y el uso de la llama violeta, podremos vivir en el impulso de la luz, que también se nos envía cada día.

Vivir juntos

oy día mucha gente elige vivir con su pareja sin casarse. La Sra. Prophet ofrece una perspectiva sobre lo que eso significa desde un punto de vista espiritual:

El matrimonio requiere un compromiso. Cuando la pareja elige convivir sin la bendición del matrimonio, en realidad no hay compromiso alguno, excepto lo que se dicen el uno al otro. Cuando vives con alguien, en cualquier momento tanto tú como la otra persona podéis abandonar la relación. Hasta que no se pronuncian los votos del matrimonio ante el altar, no hay ningún voto de cargar con el peso de la otra persona, la carga del karma.

Cuando la relación no es matrimonial, se produce un intercambio de energía, pero el compromiso de cargar con el karma de la otra persona no existe necesariamente. Un amor realmente profundo y total en una relación dice: «Te amo tanto que quiero ayudarte a cargar con tu karma. Y quiero llevar la carga de tu misión».

Acudimos al altar para casarnos porque en el matrimonio nos hace falta la intercesión de Dios y sus ángeles y la del Espíritu Santo, que nos ayude a superar las pruebas y tribulaciones que surgen mientras llevamos la carga del karma, así como la carga del servicio. Cuando invocamos la luz de Dios en una relación, la carga también puede ser de luz, como quiso decir Jesús: «Mi carga es ligera»[3.]

Si te has casado en ceremonia civil, piensa en reconsagrar tus votos ante el altar de Dios. No importa en qué iglesia tenga lugar la ceremonia ni quién sea el sacerdote, el ministro religioso o el rabino. Cuando acudas con sinceridad a Dios, él utilizará al oficiante como instrumento para que tú y tu matrimonio seáis bendecidos. Sin esa bendición no tendrás el mismo beneficio y protección espiritual para tu relación.

Algunas veces la gente no se casa porque una de las personas piensa: «¿Y si uno de estos días me quiero marchar a otro lado?». Es un deseo de libertad, pero también de tener la constancia de una pareja. En cierto sentido, es un lavarse las manos, porque no tienes que asumir las responsabilidades espirituales de un matrimonio de verdad, pero puedes aprovecharte de las conveniencias que tiene. En un sentido del alma, te estás engañando a ti mismo»[4].

Este tipo de relación pudiera responder por un tiempo a la necesidad humana de amor e intimidad, pero será algo limitado puesto que cada persona está dispuesta a dar solo de una forma limitada. Y solo podemos recibir de una relación aquello que estemos dispuestos a dar.

Cuando tenemos una relación, estamos invirtiendo cierta cantidad de nuestra energía y permitiendo que otra persona ocupe una posición en polaridad con nosotros para el intercambio de energía. Debemos asegurarnos de utilizar juiciosamente esa energía. Eso es cierto para todos los tipos de relaciones y asociaciones. A veces la gente se mete en relaciones sabiendo que la relación en cuestión no es lo que realmente busca a largo plazo; sabe que no quiere pasar el resto de su vida con esa persona, pero la relación gusta de momento. Satisface una necesidad hasta que aparezca algo mejor.

Una desventaja que tiene esta perspectiva es que una relación así bien podría impedir que lo que se desea, ese «algo mejor», aparezca alguna vez.

¿Qué ocurriría si te tropezaras con tu llama gemela, tu alma compañera, la persona con quien estabas destinado a estar, pero ya tienes una relación? ¿Reconocerías a esa persona con la que estabas destinado a estar o acaso la atracción emocional y física de la presente relación ahogaría la «vocecita queda» diciéndote que esa persona es la ideal?

¿Y qué pasará con la persona con la que estás? ¿La dejarás simplemente? ¿Qué hay del dolor que le harías al terminar la relación?

Debes preguntarte si la llama gemela te reconocería. Si ya tuvieras una relación, él o ella podría pensar que ya tienes un compromiso y seguiría por su camino.

Sería una tragedia, pero se puede evitar si uno comprende la situación. Al conformarte con una relación que sabes que no es lo que realmente buscas, estás haciendo tiempo. No has creado el espacio en tu vida que solo tu llama gemela, tu alma compañera o la pareja que tienes destinada puede llenar realmente. No has amplificado el imán de luz en tu interior para atraer a esa persona puesto que has usado esa luz para mantener una relación inferior.

¿Y si la persona con la que estás actualmente sí es la que tienes destinada, pero no quieres comprometerte más? Un maestro de la llama violeta comenta lo siguiente:

Quienes se adhieren al voto interior tienen acceso a una belleza y alegría, una dicha y beatitud en la unión que no comparten quienes, con deseos de ser libres, sufren un cautiverio mayor. Quienes dedican su voto a Dios tienen una luz más grande que compartir...

Allá donde se da limitadamente se recibe limitadamente. Pues ¿cómo puede Dios prometer que se entregará cuando las personas no pueden prometer entregarse a él o hacerlo mutuamente?[5]

El sendero del celibato

No todo el mundo está llamado a seguir el sendero del matrimonio en su vida. Para las personas que hayan elegido el sendero del celibato existe una larga tradición de apartarse y separarse de la sociedad. Durante siglos la gente ha podido seguir ese sendero en las órdenes sagradas. Ahí viven con gente que ha hecho votos parecidos, y viven fuera de la tentación del mundo.

El Padre Pío, Teresa de Lisieux, san Francisco y santa Clara, Catalina de Siena, los yoguis y monjes de Oriente... muchos han demostrado un sendero de devoción y práctica espiritual que incluía el celibato. Su matrimonio fue con Dios y vivieron los gozos del amor divino en esa unión espiritual pura.

En el mundo actual quizá no sea tan fácil apartarse. Los hay que están llamados a la vida monástica, pero la mayoría de nosotros nos sentimos llamados por nuestro karma y plan de vida, que quiere que vivamos en el mundo, y no podemos simplemente marcharnos a un monasterio y evitar las responsabilidades del karma y el dharma. Aunque pueda ser más difícil ser célibe en el ajetreo normal de la vida diaria, muchos se sienten llamados a una vida así y lo logran con éxito, aun en una situación mundanal.

Con la elevación de la luz en esta era de Acuario, podemos encontrar un restablecimiento de tales órdenes sagradas como existieron en la antigüedad, donde las personas de un sendero célibe, así como las casadas, adopten la orden sagrada y cumplan su fin sagrado. Y mientras trabajan para elevar la luz en la

Tierra, pueden al mismo tiempo ocupar su sitio en los asuntos del mundo.

Incluso las personas que no se sienten llamadas a un sendero célibe para toda la vida pueden tener períodos de celibato. Esto puede ser durante los años de la adolescencia, antes del matrimonio, durante períodos de enfermedad o separación en el matrimonio o después de la pérdida de un cónyuge. Por tanto, estamos llamados a adquirir cierta maestría sobre el fuego sagrado y las energías del chakra de la base.

En Oriente, los antiguos Vedas hablan de cuatro fases en la vida. En la infancia y la adolescencia uno vive como un «brahmacharya», con un período de celibato como estudiante. La segunda fase, «garhasthya», es la de quien está casado y tiene un hogar, con responsabilidades mundanales, incluyendo la crianza de los hijos. La tercera fase, «vanaprastha», es el retiro y la meditación, llevando la vida de un ermitaño o habitante del bosque. La última fase, «sannyasa», es la de la renuncia. Al final de la vida, uno abandona todos los deseos mundanos, como un vagabundo que libremente busca el conocimiento de Brahmán.

No es poco común que la gente note que estas fases arquetípicas se desarrollan de manera natural en su vida. Ángela llevaba treinta años felizmente casada hasta que Frank murió, quedándose viuda. Aunque ha recibido muchas peticiones de matrimonio, no tiene interés ni en tener una cita. Siente que ha entrado en otra fase de su vida y es feliz por ser libre de hacer lo que quiere. Aunque echa de menos a Frank y el amor que tenían, sabe que él está en un lugar mejor.

No echa de menos la intimidad sexual que una vez tuvo, puesto que se siente feliz en la vida, sirviendo a los demás, trabajando de niñera y estando muy activa, haciendo ejercicio y ayudando en su iglesia. Ángela dice: «He encontrado un camino nuevo que me funciona, y no me arrepiento de nada. Creo que este es el camino que Dios quiere que siga ahora, y estoy conforme».

El matrimonio no es para todo el mundo. Ni tiene por qué serlo. Algunas personas están llamadas al sendero del celibato, el sendero de los adeptos, y se sienten completamente contentas de ser célibes. No tienen problemas con el fuego sagrado. A veces esas personas saben en su alma que necesitan seguir un camino de celibato para poder ascender.

Simon tenía muchos deseos de casarse y tenía la tendencia a dejarse atraer por cualquier mujer que mostrara interés en él. Su instructora espiritual habló con él sobre eso porque sabía que a él le pesaba no tener pareja. Sus palabras fueron muy directas: «Simon, has tenido suficientes relaciones sexuales durante todas tus vidas y te debe bastar. Si sientes que las energías hacen que te sientas atraído hacia alguien, quiero que salgas corriendo, deprisa y en dirección contraria, ¡tan rápido como puedas!».

Simon se dio cuenta de que su deseo de encontrar una pareja en esta vida no era tanto un deseo de su alma, puesto que se trataba de un modelo de comportamiento habitual que arrastraba del pasado. Reflexionó y miró su vida con perspectiva, pensando en lo que realmente quería. Siguió el consejo recibido y puso su atención en Dios y en que su energía fuera para perfeccionar sus talentos para servir a los demás.

Si ya has desperdiciado mucha luz en esta encarnación, si tienes problemas con las drogas, la promiscuidad u otras formas de pérdida de luz áurica, si esto ha ocurrido durante muchas encarnaciones, entonces puede ser que debas ser célibe si quieres lograr la ascensión en esta encarnación. Este factor por sí solo puede marcar la diferencia entre que puedas ascender o no. Es una cuestión que hay que contemplar en el corazón y en el alma.

Tanto si se elige el matrimonio como ser célibes, ambos caminos han de respetarse y los dos son necesarios para la evolución espiritual del planeta.

Un problema de circulación

El problema de dominar el fuego sagrado del chakra de la base de la columna no es un problema sexual. Es un problema de circulación.

Cuando hablamos de circulación nos referimos al flujo de luz y energía en el cuerpo y, especialmente, en los chakras. Debido a las impresiones de los medios de comunicación, por la presión de los compañeros, por enfocarse en el sexo, mucha gente tiene una cantidad excesiva de su energía centrada en el chakra de la base. En vez de acumularse en los chakras inferiores, esa energía debería ser libre para elevarse en una expresión equilibrada por todos los chakras. Cuando las personas no saben cómo elevar esa energía, su exceso en los chakras inferiores puede llegar a ser difícil de manejar.

Desgraciadamente, muchas personas quedan atrapadas entre dos mundos. No están casadas, pero no están en un camino célibe de verdad. Se encuentran en un punto intermedio y tampoco están bien. Ven que no saben cómo manejar las energías del chakra de la base y acaban perdiendo o usando mal su luz, en vez de elevarla y encontrar la plenitud interior.

Si están destinados a casarse, podrían no tener el imán de su fuerza vital para atraer a la persona que solo puede ser atraída por la luz del Cristo interior. Se verán a sí mismos envejecer, queriendo casarse y preocupándose por no estarlo. Sin embargo, al no guardar su luz, empeoran el problema y acaban moviéndose en círculos, sin llegar a ninguna parte.

Compromiso y matrimonio

Si realmente quieres casarte, tanto en el sentido humano como en el divino, debes tener una ofrenda de luz para el novio o la novia, que es la conciencia del Cristo en la persona que puede estar esperando a que llegues a un punto de pureza personal. Claro está, hace falta esforzarse para dominar las energías del chakra de la base. Puede que estés pensado: «Quiero hacerlo, pero no puedo» o «no sé cómo hacerlo». El hecho es que podemos superar cualquier cosa que sinceramente queramos vencer, pero ello requiere esfuerzo y lucha, así como una buena estrategia. Y quizá debamos estar dispuestos a pelear.

Debemos superar el sentimiento de desmerecimiento e incluso el de que jamás podremos superar ese problema ni ser aceptables ante Dios. Eso, sencillamente, no es cierto. No tenemos que aceptar la culpa y la vergüenza, y podemos vencer.

Si la vida que quieres llevar es la de elevar la luz, no te sientas apesadumbrado ni culpable si las cosas no salen a la perfección al principio. Recuerda que eres una obra en proceso de formación. Haz las cosas lo mejor que sepas y sigue luchando, aunque no siempre lo hagas bien. Pídele a un amigo o amiga que rece por ti para que tengas la fortaleza de realizar lo que quieres lograr. Y no tengas miedo de pedirle a los ángeles y los maestros que te ayuden.

Rezar y apelar a Dios y a tu Yo Superior puede servirte de mucho a la hora de resolver esta situación. Es posible que te tengas que poner de rodillas para decirle a Dios: «Esto me parece demasiado difícil. Ayúdame para que lo haga mejor».

Los ángeles acudieron a Jesús en la hora de la tribulación tan pronto como él se comprometió a seguir su llamamiento. Los ángeles también acudirán a consolarte y fortalecerte si tomas la decisión de seguir un camino superior con un esfuerzo y una lucha llenos de sinceridad. En futuros capítulos se ofrecen algunas herramientas espirituales y técnicas prácticas que te servirán de ayuda.

Cómo encontrar
el camino correcto

El matrimonio, el celibato y los usos y abusos de la energía sexual han sido malentendidos en todas la épocas. Ello ha sido causa de mucha desgracia humana, a menudo y desgraciadamente, en el nombre de Dios y la religión. Incluso en nuestra época, supuestamente iluminada, el significado de la luz de la Madre Divina en las relaciones se malinterpreta con frecuencia; aun así, el problema es tan viejo como el tiempo mismo.

La luz de la Madre, el fuego sagrado, la luz del chakra de la base de la columna, es la misma luz que se elevó como base para las eras de oro de los antiguos continentes de Atlántida y Lemuria. El abuso de esa luz fue lo que contribuyó a producir la caída de esas civilizaciones. La entrada a una nueva era es el momento de elevar de nuevo la luz de la Madre. Y a medida que se va elevando, los registros e impulsos acumulados de sus abusos van surgiendo de nuevo para que los resolvamos en todos nosotros.

De acuerdo con las enseñanzas que Jesús nos da hoy, no hace falta que seamos célibes, solteros o que permanezcamos sin casarnos para poder lograr el matrimonio alquímico (la ascensión). Es decir, puedes ser célibe y ascender o puedes casarte y ascender. Cada cual debe hallar el sendero correcto, el adecuado para sí mismo.

El celibato puede ser muy fácil para quienes han pasado vidas enteras en la Iglesia o en los monasterios de Oriente u

Occidente. Para otros, puede ser algo más difícil de dominar. Sirva de consuelo saber que el Buda dijo que la prueba del celibato y la maestría del fuego sagrado es la iniciación más difícil que afrontó. Debemos mirarnos a nosotros mismos de una manera realista y práctica. La vida célibe no es para todo el mundo, igual que la vida matrimonial tampoco lo es. Si tienes la necesidad de casarte, no hay ni que avergonzarse ni culparse por llegar a esa conclusión. Para muchas personas, el matrimonio es una parte importante de su plan divino. El propio Jesús bendijo la institución del matrimonio cuando hizo su primer milagro en la fiesta de boda de Caná.

El celibato y el matrimonio son dos senderos legítimos ante los ojos de Dios y ambos se pueden vivir en santidad. Muchas dificultades han sido causadas por no permitir el matrimonio a quienes no tenían el dominio ni la vocación; por ejemplo, en la Iglesia católica, los de vocación sacerdotal deben hacer votos de castidad.

¿De dónde vino ese requisito? Los antiguos profetas estaban casados, los sacerdotes y rabinos de la época de Jesús estaban casados (y los rabinos siguen casándose hoy día). El primer Vicario de Cristo, Pedro, estaba casado y el Apóstol Pablo dice que los obispos deben casarse y tener hijos.[6] A pesar de todo eso, los concilios de la Iglesia, cientos de años después de la época de Jesús, decretaron que los sacerdotes deben ser célibes.[7]

Vemos la tragedia de esa decisión en los escándalos que han surgido en la Iglesia católica en años recientes. Cuando falta la comprensión de los principios y métodos espirituales para elevar la luz en los chakras, el problema para tratar de ser célibes puede conducir a una preocupación con el chakra de la base y la energía sexual que puede convertirse en una carga mucho mayor para el alma que las responsabilidades de la vida matrimonial.

Se ha considerado el celibato como un sendero superior para

quienes son capaces de caminar por él. Eso bien puede ser una bendición. Pero si uno está llamado al matrimonio, eso también puede ser una bendición. De hecho, la plenitud que hay en el equilibrio del hombre y la mujer puede ser una protección en el sendero espiritual cuando los miembros de una pareja sirven juntos en santo matrimonio.

Esa es una de las razones por la que existe el matrimonio en esta Tierra. Aún no estamos perfeccionados ni somos plenos, y cuando servimos juntos nos podemos ayudar unos a otros. Cuando estamos casados legalmente, podemos dedicar nuestro hogar a Dios. Podemos traer al mundo hijos y cuidar de ellos mientras buscamos la maestría sobre nosotros mismos. El matrimonio, de por sí, exalta y transforma el uso del fuego sagrado.

Por supuesto, el sendero del matrimonio no nos excluye de que hagamos un esfuerzo para controlar las energías del chakra de la base y busquemos vencer el deseo sexual exacerbado. Es posible que, a veces, la pareja no esté junta y deba mantener su pureza al estar separada. De mutuo acuerdo, las dos personas también pueden tomarse períodos de celibato durante tiempos de devoción, ayuno y oración. El matrimonio no debe buscarse como un escape; sin embargo, Dios ha proporcionado un escape. Todo esto forma parte del gran plan de la Vida.

Tanto antes del matrimonio como si no se tiene la intención de casarse, la gente también tiene las necesidades normales que debe aprender a manejar. Muchos psicólogos dicen que la masturbación es una parte normal de la expresión sexual y una válvula de escape sana para esas energías sexuales. Lo ven como una forma de manejar la tensión sexual (que en realidad es el resultado de una acumulación de energía en el chakra de la base).

Sin embargo, esto puede dar perpetuidad al problema subyacente, que tiene que ver con la circulación y el dominio de la energía. En vez de aprender a elevar la energía de los chakras inferiores, esta práctica es una forma de liberarla en los chakras inferiores. Tiende a reforzar la acumulación de la energía en esos chakras, dejando a los demás sin la luz y la energía que necesitan para ser utilizados de la forma mejor y más elevada.

Sabiendo esto, la masturbación no ayuda al desarrollo del alma ni la ayuda en su sendero ascendente. En vez de elevar la energía Kundalini hacia una expresión creativa e inspirada por Dios, esta práctica concentra la atención en el deseo sexual. Es un medio por el cual la luz espiritual del cuerpo se pierde y se disipa.

El cuerpo solar imperecedero necesario para la ascensión se teje día a día a partir de la energía del chakra de la base de la columna. La ascensión se logra elevando las energías de la Madre. Por tanto, si esa energía está siendo liberada constantemente, si está siendo entregada continuamente, se produce un drenaje de la luz que está destinada a tejer el vestido de boda del alma.

En vez de estimular y liberar la energía de los chakras inferiores físicamente, lo cual gasta la valiosa energía de la fuerza vital, la resolución suprema de la energía sexual se encuentra en la elevación del fuego sagrado para que pueda hallar una expresión positiva a través de los chakras superiores. La devoción hacia Dios mediante la meditación, la invocación y los decretos para la elevación del fuego Kundalini no solo resuelven la energía físicamente, sino que también aceleran la conciencia espiritual y cada uno de los chakras. También sirve de ayuda poner atención en la alimentación y el ejercicio con el fin de elevar la energía.

Podemos observar que, aunque es importante ser conscientes de nuestras necesidades biológicas y deseos humanos, no tenemos por qué ser prisioneros del culto al placer, los deseos exacerbados o nuestras interacciones kármicas. Tenemos el libre albedrío de escoger cómo nos relacionamos con la vida y de redirigir lo que consideremos como nuestros deseos inferiores hacia expresiones superiores de un deseo Divino para el cumplimiento del sendero de la ascensión. Al hacer esto, bien podremos atraer a la pareja perfecta en la vida.

Al final, cada cual debe elegir el sendero que mejor le funcione a su alma. Todos debemos tener un sendero que podamos seguir, pasos que no sean demasiado difíciles ni demasiado fáciles. Las iniciaciones que nos han establecido son las adecuadas para el logro y el progreso de nuestra alma en el sendero. Si sientes que tienes vocación para el matrimonio, pero no hay nadie con quien quieras casarte ni que quiera casarse contigo, sigue el ejemplo de los santos y los místicos y de las personas que no se han casado a quienes admires.

Cultiva amistades e involúcrate en servir y ayudar a los demás. Recuerda el versículo bíblico que dice: «Porque tu marido es tu Hacedor»[8], y encontrarás consuelo y realización en una relación personal con nuestro Dios. En esta Tierra han vivido muchas grandes almas que han recorrido el Sendero solas, con el consuelo de estar totalmente unidas a su Yo Superior y a Dios.

Puede sorprendernos saber que al mundo celestial no le preocupa mucho si estamos casados o no. La decisión de casarse puede parecer de una gran trascendencia en la escena humana. Sin embargo, los ángeles y maestros del cielo consideran el matrimonio desde una perspectiva diferente. Tienen un punto de vista más amplio, que abarca la evolución total del alma.

Lo que realmente importa es que pases las pruebas en la vida y las iniciaciones en el sendero espiritual. Si pasas las pruebas en matrimonio, bien. Si las pasas sin casarte y encuentras tu plenitud en la relación que tengas con Dios, también estará bien. Al cielo le preocupa más el matrimonio que tengas con tu esposo divino.

Cuando te concentres en descubrir y realizar tu misión especial y en buscar el destino divino de tu alma, confía en que, si tu destino en esta vida es el matrimonio, Dios te pondrá en contacto con la persona con la que debas estar.

4
Energía
sagrada

El amor ha de ser una luz tanto como es una llama.

HENRY DAVID THOREAU

La finalidad
de la unión sexual

Durante el acto sexual se produce un intercambio de energía. Una conexión tiene lugar, chakra por chakra. Durante el orgasmo se libera la energía, que se mueve no solo físicamente, sino también espiritualmente.

La unión de Alfa y Omega, los principios masculino y femenino, es el principio básico de la creación, que se puede manifestar como una nueva vida en la concepción de un hijo. También se puede manifestar como creatividad de muchas otras formas cuando el intercambio de energía sagrada trae el equilibrio de las energías masculinas y femeninas en el hombre y la mujer.

La unión sexual entre dos personas que comparten un amor y un compromiso debe ser una adoración mutua del Dios interior de cada una de ellas. El intercambio de amor también determina la acción y el intercambio de energía. El brote de amor en los esposos ayuda a que todo lo demás asuma un orden divino dentro de la relación.

La institución del matrimonio y su bendición por parte de un representante de Dios proporciona un campo energético espiritual y un círculo de protección del amor entre el hombre y la mujer. Sin esa bendición, la unión física entre el hombre y la mujer no tiene la misma protección, y para quienes tienen uniones sexuales fuera del matrimonio, existe el problema de una pérdida de luz a través del chakra de la base. Esto es así especialmente si un miembro de la pareja tiene más luz en el aura que el otro: el que tiene más luz tiene más que perder. Para quienes se han implicado con múltiples personas, las consecuencias se multiplican.

En lo espiritual, también se produce un intercambio de energías en el cinturón electrónico, porque asumirás o te llevarás contigo un poquito de cada persona con la que te relaciones sexualmente, del mismo modo en que tú les darás un poquito de ti a ellas. Aún más, tú asumirás un poquito de cada persona con la que todas ellas se hayan relacionado, puesto que esas energías se encuentran en su cinturón electrónico y en su aura. Esto es uno de los motivos por el que muchas personas en la actualidad se sienten confundidas sobre el amor y las relaciones, ya que tienen un verdadero remolino de energías en su interior debido a todas las relaciones de las que forman parte.

Al mismo tiempo, han entregado partes de sí mismas a otra gente. Hay gente que, habiendo sido promiscua, especialmente de joven, dice que ya casi no sabe quién es. Y cuanto más busca amor a través de la unión sexual, más se desconecta de su alma y su identidad interior y más se queda confundida.[1]

Durante el acto sexual tiene lugar un descenso de la energía Kundalini. Las energías de los chakras superiores (Espíritu) descienden a los inferiores y esa energía se libera en el chakra de la base (Materia). Parte de la energía debe volver a elevarse. Lo ideal es que, al final del acto, la energía de la luz de la Madre se eleve y riegue los chakras superiores, subiendo hasta la coronilla y afianzándose en el chakra del tercer ojo, describiendo la forma de un cayado.

Una vez que las energías se vuelven a elevar mediante la meditación en silencio sobre el tercer ojo, estas habrán bajado y subido. Habrán descrito un círculo completo y todo el cuerpo se nutrirá del fuego sagrado. Si la energía no se vuelve a elevar, continuará descansando en los chakras inferiores y no habrá una realización espiritual completa.

Cada chakra tiene su finalidad según el plan divino original. Los chakras superiores son los centros que concentran las energías del Espíritu en el cuerpo. Los inferiores son los centros de la Materia (en latín *mater*, «madre»). El chakra de la garganta es el centro que tiene más poder. Es el chakra del primer rayo y está destinado a utilizarse para el habla, para la oración y la afirmación, para alabar a Dios y elevar a nuestro prójimo. Tiene el poder de la creación mediante la Palabra hablada.

Desde el punto de vista energético, cuando el chakra de la garganta se coloca en la proximidad del chakra de la base en el sexo oral, se produce una yuxtaposición de los chakras superiores con los inferiores en una posición invertida, cuando las energías sagradas están siendo liberadas con el fin de crear.

La bendición por parte de un representante de Dios proporciona un campo energético espiritual y un círculo de protección del amor entre el hombre y la mujer.

Eso induce una espiral de luz descendente que es lo opuesto al flujo natural de energía en el cuerpo. Es lo contrario a la corriente de la ascensión.

En el sexo oral, la luz se dirige a los chakras inferiores para una experiencia sexual, pero después no se vuelve a elevar. Y cuanto más se practica esto, menos cantidad de energía Kundalini se eleva entre cada acto, hasta que las energías se quedan centradas mayormente en los chakras inferiores. Esta práctica continua conduce a una experiencia sexual más física, lo cual puede llegar a crear adicción en algunas personas.

Mientras que la energía sexual fluye durante el sexo oral y se produce la experiencia física de su liberación, el intercambio espiritual que debería tener lugar no ocurre. Con el tiempo, esta bajada de la luz y pérdida de la fuerza vital puede hacer que el alma pierda la oportunidad de ascender, a menos que se abandone la práctica en cuestión y se utilice la llama violeta para transmutar la energía que ha sido utilizada erróneamente. El fuego sagrado del chakra de la base se nos concede para la procreación y para que haya un equilibrio de las energías masculinas y femeninas en el hombre y la mujer. El fuego sagrado debe ser utilizado para la creación de buenas obras para la gloria de Dios. Es una parte de lo Divino que nuestro Dios Padre-Madre nos ha otorgado.

Si gastamos nuestra energía de forma prematura o poco inteligente, la dejaremos de tener a nuestra disposición para elevarla por el altar de la columna. Nos perderemos la bendición y la plenitud que produce la alimentación de los chakras superiores y la apertura de la coronilla y el tercer ojo hacia la sabiduría, la iluminación y la visión divina.

Contrariamente, cuando elevamos el fuego sagrado Kundalini y vivimos la dicha de Dios y entramos en nuestra Presencia Divina, esa experiencia puede ser mucho más importante que el simple intercambio de energías sexuales. Entonces, de manera natural, pondremos más énfasis en la unión con Dios y menos en la experiencia sexual, y lograremos el equilibrio en la vida que, por libre albedrío, deseamos tener.

Por eso el amor expresado por la pareja puede cambiar con el tiempo. La intensidad del amor de una pareja joven en medio de su primera pasión puede dar paso, gradualmente, a un amor más profundo y maduro que se sacrifica más y que, sin embargo, es igual de tierno y cariñoso.

Así pues, esto se convierte en una cuestión de prioridades. Toda la energía que eleves será para tu ascensión. Al mismo tiempo, es importante que algunos de nosotros traigamos hijos al mundo, y este deseo es normal y natural; y, para la mayoría de la gente, ello forma parte de su plan divino. El fruto producido por el hombre y la mujer también puede aparecer de otras formas cuando ellos se unan para servir al mundo. Así, el cielo nos da la oportunidad de amar y evolucionar juntos.

Elecciones en la vida

Todos tenemos que elegir cada día dónde pondremos la atención y cómo utilizaremos nuestra energía. Las elecciones que hagamos con respecto a las relaciones son las más profundas y las de más alcance de todas las que tomemos en la vida.

Existen muchos factores que influyen es esas decisiones. Nuestra esperanza sería que la voz interior y una conciencia del plan divino en nuestra vida nos guiaran infaliblemente. Desgraciadamente, también existen otras fuerzas que quieren influir en nosotros.

Tenemos nuestros propios impulsos acumulados y las costumbres del pasado. Si tenemos buenos impulsos acumulados, será una bendición y nos será más fácil elegir. Si tenemos impulsos acumulados negativos de esta o de vidas pasadas, tendremos que esforzarnos para cambiar esas costumbres, transmutar el karma asociado con ellas y proporcionarnos a nosotros mismos una página en blanco sobre la cual podamos escribir una historia nueva.

También afrontaremos la parte de nosotros mismos que quizá prefiera seguir un camino inferior: el yo irreal o morador del umbral. Esa parte nuestra quiere el camino fácil del momento, un placer o indulgencia temporal que socavará nuestra misión y el destino que nuestro Yo Superior nos guarda. De igual importancia, afrontaremos las fuerzas externas que quieren que las sigamos.

Las películas, la televisión, la música y la cultura popular nos pintan un cuadro de sexo y relaciones que, con frecuencia, se aleja de la realidad, y mucho más de lo que la vida debería ser. Cuando tenemos delante esas imágenes todo el tiempo, es fácil comenzar a pensar que lo que enseña la pantalla es normal, aun cuando nuestro llamamiento en la vida sea muy distinto.

Las personas que nos rodean también tienen sus expectativas sobre lo que debemos hacer. En el caso de los adolescentes, normalmente esto se considera como una presión de los compañeros: «¿Qué te pasa? ¿No ves que todo el mundo lo hace?». Pero a cualquier edad, incluso la familia o las amistades bien intencionadas a veces tratan de empujarnos hacia relaciones y experiencias que nosotros no elegiríamos.

Las películas, la televisión, la música y la cultura popular nos pintan un cuadro de sexo y relaciones que, con frecuencia, se aleja de la realidad, y mucho más de lo que la vida debería ser.

La clave para afrontar todo esto es conocerse a uno mismo, saber qué queremos en la vida y pensar en las consecuencias de nuestras elecciones. Tenemos la esperanza de que este libro te proporcione un conocimiento que te ayude a tomar decisiones en base a una comprensión más profunda de ti mismo en un nivel espiritual. También esperamos que te quede una mayor comprensión sobre cómo afectarán las elecciones que hagas tu capacidad de hallar lo que realmente quieres en la vida en los años venideros.

Piensa en el sendero que deseas seguir y comprométete a seguirlo. Habrá circunstancias en la vida que podrían desviarte de ese sendero. Es mejor no esperar hasta que llegue el desafío a tu sendero para decidir qué hacer. Cuando el vehículo está a punto de estrellarse, es demasiado tarde para pensar en ponerse el cinturón de seguridad.

Debes estar preparado antes de que surja la situación en la que pudieras enfrentarte a una tentación. ¿Qué harás? Haz un plan y sé específico. Luego, si la situación surge, ya sabes lo que has de hacer. No tienes que ponerte a pensar en medio de emociones intensas o presión externa.

Si quieres seguir un sendero distinto al que el mundo y la cultura popular describen, si quieres que para ti el sexo y las relaciones sean algo sagrado y no solo algo para el placer, hará falta que te esfuerces para nadar contra la corriente.

Piensa en qué te hará más feliz al final. ¿Prefieres mirar atrás y ver que en tu vida hiciste lo que otra gente quiso que hicieras o prefieres mirar atrás y ver que fuiste fiel a ti mismo y a tu llamamiento más grande?

Piensa también en qué sendero tiene más probabilidades de atraer a la persona que buscas. ¿Con quién quieres estar, con alguien que simplemente siga a la muchedumbre o con alguien que sea fiel a su corazón y su alma, alguien que sepa cuál es su sendero por destino y tenga el valor de seguirlo?

Atención indeseada

Más allá de la presión de los compañeros y las influencias en nuestra vida de las que todos somos conscientes, también existen fuerzas invisibles. Puesto que son invisibles, con frecuencia no somos conscientes de ellas, pero pueden ser precisamente aquellas cosas que nos hacen tropezar simplemente porque nos encuentran sin estar preparados.

Puede que todos, de vez en cuando, tengamos que afrontar algo como la atención indeseada. Cuando alguien no tiene el control total de la energía del chakra de la base de la columna, la energía busca un escape y comienza a canalizarse en direcciones poco sanas. Una persona con este problema puede obsesionarse con alguien del sexo opuesto, pensando en esa persona todo el tiempo, quizá sexualmente o quizá con fantasías románticas. Incluso puede verla en sus sueños. Mientras tanto, alimentan la fantasía con energía, la cual continúa acumulándose.

Esta repetición de pensamientos, imágenes y sentimientos crea una espiral negativa en el aura. Cada vez que la persona vuelve a generar la imagen mental o la fantasía, se forma otra vuelta en la espiral. Como un electroimán, cuando más gira, más intensa se hace la energía. Puede que la persona piense que está enamorada. Si tiene conocimiento de estos conceptos puede incluso imaginarse que ha encontrado a su alma compañera o su llama gemela. Mientras tanto, la energía del chakra de la base alimenta la espiral. Y esa energía se transfiere a la víctima a través del arco formado por la atención de la persona atrapada en esa fantasía.

El receptor puede sentir un peso considerable a causa de esto, aunque no diga ni haga nada. Los efectos se pueden manifestar de muchas formas: insomnio, sentimiento de depresión o un peso en el corazón, problemas con la sexualidad o el control de la energía del chakra de la base.

Si la energía del encaprichamiento no se detiene, puede acumularse hasta el punto en que la persona que eligió meterse en una fantasía aparentemente inocente o un soñar despierto ahora tiene muy poco control sobre la espiral energética que se ha creado. Como en la historia del aprendiz de brujo, una vez que la espiral energética se ha puesto en movimiento, puede asumir vida propia. No hay vuelta atrás; o eso parece. Y si las circunstancias lo permiten y el receptor también entra en la espiral, las dos personas se pueden encontrar empujadas hacia una intensidad emocional que será más fuerte que ellas. Puede que tengan una aventura amorosa, incluso si una de ellas está casada.

Las personas atrapadas en situaciones así no pensarán en su cónyuge, su familia o los efectos que sufrirán sus hijos. Pueden convencerse de que los sentimientos que tienen son tan fuertes que deben estar bien. Pero una vez que la espiral ha sido liberada y la energía disipada (quizá de un día para otro, quizá al cabo de unos días, semanas o meses), descubren que no les queda nada en la relación. El resultado final es solo una pérdida de luz, una pérdida confianza, traición al amor y la devastación de un hogar deshecho.

En su lugar de trabajo, asignaron a Susan a que trabajara con William y ella se dio cuenta de él se sentía atraído por ella. Estaba felizmente casada, pero sin querer se dio cuenta de que pensaba en él y caía en pensamientos que la llevaban a dónde no quería. Comprendió que esos pensamientos quizá no eran suyos, sino que podía tratarse de una energía procedente de la atracción que William sentía hacia ella que impactaba en su subconsciente. No quería saber nada de ello. Decidió hablar con su esposo y explicárselo, sacar las cosas a la luz. Su esposo se mostró comprensivo, seguro de su amor mutuo. Él sabía que no había habido nada físico entre ellos y que la atracción ni siquiera era real, pero sabía que Susan no estaba feliz con la plática aparentemente desenfadada y la atención indeseada que recibía en el trabajo.

Los dos comprendieron que se trataba de una prueba. Las acciones de William no habían cruzado la raya del acoso sexual, por lo que no podían encarar la situación desde ese ángulo. También comprendieron que probablemente William no era consciente de lo que estaba haciendo y que no sería procedente ni serviría de nada hablar con él. Solo quedaban soluciones espirituales.

Susan y su esposo se pusieron a rezar con respecto a esta situación todas las noches y lo pusieron todo en manos de Dios. Susan observó tanto su energía como la que le llegaba de William y no se dejó llevar por esa espiral.

Al cabo de poco tiempo, la situación se corrigió sola. Ella dejó de sentir nada por William y poco después les cambiaron las tareas a los dos. Un poquito más tarde, él dejó la empresa. Susan no culpa a William por lo ocurrido y cree que él mismo fue víctima de fuerzas ocultas que intentaron perjudicarlos a ambos.

El peso de la fantasía sexual

La comprensión de la energía del chakra de la base de la columna y su circulación por el arco formado por la atención de una persona nos da una perspectiva totalmente nueva sobre el concepto de la diosa del sexo o la chica de revista.

Cuando una mujer permite que su imagen sea reproducida y se ponga en circulación para recibir la atención de miles o millones de hombres, esa imagen permite que la imaginación haga una conexión energética con la persona representada. Su energía y foco de atención se puede sentir al dirigirse hacia el objeto de su fantasía. Lo mismo puede suceder con los hombres. La estrella cinematográfica que fue nombrada por votación como el «hombre más sexy del mundo» en una revista popular podría no ser consciente de la energía que está enfrentando a raíz de la atención recibida de millones de mujeres.

Puede parecer algo inofensivo, pero los efectos pueden ser devastadores. Muchas chicas de calendario, chicas de revista, estrellas de rock e iconos de la cultura popular han sentido el peso de esa energía. Marilyn Monroe es un ejemplo. Fue objeto de las fantasías sexuales de millones de hombres. El peso que tenía encima era tan grande que no podía dormir, noche tras noche, y se volcó en el alcohol y las pastillas para dormir en un intento de encontrar alivio.

Algunas personas creen que murió debido a una sobredosis accidental de barbitúricos, otras creen que fue un suicidio, otras creen que fue un homicidio. Fuera cual fuera la causa, el registro espiritual muestra que el peso subyacente que sufría era debido a las proyecciones en masa provenientes de millones de personas a través de sus posters, fotos e imágenes cinematográficas.

Este triste drama también indica la responsabilidad que tenemos en nuestra propia vida por lo que hacemos y cómo nos presentamos ante el mundo. ¿Qué clase de imágenes de nosotros mismos ponemos en Facebook, YouTube y Snapchat? ¿Qué tipo de energía estamos atrayendo?

También se puede ser consciente de la ropa. La mayoría de nosotros queremos tener una apariencia agradable y atractiva, pero ¿con qué nos comparamos? ¿Estamos tratando de parecer «sexy»? Si es así, ¿qué energía tendremos que enfrentar cuando nos regrese la corriente de atención de la gente? ¿Y acaso nuestra apariencia produzca incomodidad en los demás, haciendo que les resulte más difícil guardar sus votos y mantener sus compromisos?

No hay nada malo en querer tener una buena apariencia. Pero, en el sentido más elevado, la ropa debería ser un reflejo y complemento de nuestro verdadero yo. En vez de pensar en la ropa como un intento de encajar con la moda del mundo, podemos pensar en ella como un medio de complementar y aumentar la luz del aura y del alma. Con esta perspectiva, podemos comenzar a sentir un poco de liberación del peso de las modas pasajeras.

Otra idea útil para evitar la atención indeseada es la que me dio mi padre cuando era más joven. Me dijo que no permitiera que personas del sexo opuesto entraran en mi dormitorio, ni siquiera brevemente. Me explicó que, después de ver el dormitorio, sería más fácil que hasta los amigos mejor intencionados tuvieran fantasías y pensaran en mí dentro de mi dormitorio.

Aunque no lo hagan conscientemente, su yo inferior puede

proyectarlo en la pantalla de su mente, incluso cuando duermen. Mejor no poner una piedra de tropiezo después de otra. Es un acto de bondad para con los demás el ayudarles a evitar la tentación y lo es para contigo, ya seas hombre o mujer, el evitar generar atención indeseada.

Teresa es una exprostituta que ahora entiende bien estos principios. Hace más de treinta años dirigía un exitoso prostíbulo en Luisiana. Entonces, «vio la luz», como lo explica ella. Su vida cambió por completo, aceptó a Jesucristo como su Señor y Salvador y abandonó totalmente su anterior estilo de vida. Decidió hacerse célibe y usar la llama violeta para saldar el karma del abuso del chakra de la base. Se mudó a Nueva York y ahora es uno de los pilares de su comunidad. Es un alma alegre por naturaleza y ayuda a otras personas lo mejor que puede, ayuda en su iglesia y se viste con ropa modesta y atractiva.

«Nadie de aquí sabe nada de mi pasado —dice Teresa— y yo no se lo cuento. Es como si fuera una vida del pasado. Sé que Dios me ha perdonado y estoy muy feliz con la vida que tengo actualmente. Como prostituta me consideraba a mí misma una mujer dura, pero nunca dormía bien. Ahora duermo como un bebé».

Fuerzas invisibles

stos ejemplos ilustran cómo nos puede afectar la energía y la atención de otras personas, aunque sea de manera invisible. Además, tal como existen ángeles y maestros que nos ayudan y apoyan, también hay fuerzas de la oscuridad que son invisibles y trabajan contra nuestras metas más grandes. Esas fuerzas pueden ser seres que viven en el plano astral, una frecuencia del tiempo y el espacio más allá del plano físico correspondiente al cuerpo emocional y los niveles negativos del subconsciente colectivo de la humanidad. Estas almas pueden haber abandonado la pantalla de la vida sin tener medios para navegar hacia el etérico, los planos superiores del ser que nosotros consideramos como el cielo.

También pueden ser espíritus malévolos, ángeles caídos y sus seguidores, que se han dirigido conscientemente hacia un sendero de oscuridad.[2] Estos seres oscuros se han separado de la Fuente de luz y energía que es Dios, de forma que solo pueden mantener su existencia quitándole la luz a quienes están encarnados en la Tierra. Si se lo permitiéramos, nos robarían la luz. Intentan que hagamos cosas que hagan que perdamos nuestra luz: que nos enojemos o irritemos, que consumamos drogas o alcohol o que abusemos de la luz del chakra de la base. Si nos mezclamos en esas cosas, les daremos energía y la mayoría del tiempo, ni siquiera seremos conscientes de ello.

¿Cómo funcionan esas fuerzas invisibles? Un medio que

tienen es el de proyectar pensamientos y sentimientos hacia nosotros. De repente nos aparece un pensamiento errante en la pantalla de nuestra mente, aparentemente salido de la nada. Esa proyección puede repetirse una y otra vez, y nosotros nos preguntaremos por qué estamos pensando en algo que en realidad no queremos.

Todo eso puede reforzarse con la proyección de un sentimiento de desmerecimiento, en un intento de recordarnos continuamente los episodios del pasado de los que nos arrepentimos o que consideramos vergonzosos. Después, intentan decirnos que somos pecadores, que hemos hecho muchas cosas terribles y que da igual que las volvamos a hacer. Intentan desanimarnos y deprimirnos, haciéndonos sentir que nunca seremos libres. Tanto si se trata de drogas, alcohol, abusos del fuego sagrado o un comer en exceso, la estrategia es la misma.

El primer paso para manejar esas proyecciones es verlas tal como son. Es posible aprender a distinguir entre los pensamientos y sentimientos propios y los que nos proyectan las fuerzas invisibles.

Una vez que hayamos reconocido lo que está ocurriendo, el siguiente paso es decidir no involucrarnos en la energía, desconectarnos de ella. El Maestro Morya una vez dijo: «No puedes evitar que un pájaro se te pose en la cabeza, ¡pero no tienes por qué dejarle que te haga un nido en el cabello!»[3]. No sirve de nada que permitamos la existencia de esas proyecciones pensando en ellas y dándole vueltas constantemente.

Si nos vemos acosados por ese tipo de proyecciones, es hora, como dice la Biblia, de ponerse «la armadura de Dios». Podemos fortalecer nuestra mente y nuestro corazón con luz para no ser tan receptivos a las proyecciones astrales. Podemos reconectarnos con el Yo Superior mediante la oración, la meditación, los decretos, la música... cualquier cosa que restablezca ese lazo. Y podemos llamar a los ángeles de luz para que nos protejan y nos den fuerzas y para que se enfrenten a las fuerzas de la oscuridad. Si vemos que caemos en la condenación propia, podemos acordarnos de que somos hijos e hijas de Dios y que él nos ha dado su perdón. No tenemos por qué aceptar un sentimiento de desmerecimiento. Si nos arrepentimos por nuestros errores, si hemos pedido perdón y hemos decidido que no queremos volver a cometer las mismas equivocaciones, podemos ser libres y plenos ante Dios.

Algunas veces somos vulnerables ante esas fuerzas cuando no tenemos toda la fortaleza del cuerpo físico, ya sea por cansancio, por no comer bien o por un problema físico, como una enfermedad. En momentos así es que debemos aumentar nuestras prácticas espirituales para sellar y proteger el aura. Además, podemos pedir a otras personas que recen por nosotros.

También nos podemos volver vulnerables a las fuerzas astrales en otras circunstancias, como en la transición, cuando nos estamos quedando dormidos y durante el sueño. Durante el sueño el alma abandona el cuerpo y es libre de viajar a otros reinos. Lo ideal es que viaje a las octavas superiores de luz, visitando las ciudades etéricas y los retiros de los maestros,[4] pero a veces el alma no se eleva más allá del plano astral.

Si nos encontramos en esos reinos, es posible que nos topemos con seres que quieran quitarnos la luz, ya sea a través de proyecciones de temor en alguna pesadilla o a través de proyecciones de pensamientos sexuales y escenas que acaban en una liberación física de la energía. Los seres del plano astral pueden incluso asumir la máscara y la personalidad de personas que hayamos conocido en esta encarnación o en el pasado. Nosotros pensaremos que estamos soñando con una persona que hemos conocido, cuando en realidad se trata de una entidad astral que intenta imponerse. Su meta es llevarse la luz de los chakras.

Si te ves obligado a enfrentar este desafío o si tienes dificultad para dormir, recuerda que allá donde pongas la atención y energía antes de irte a dormir puede marcar una gran diferencia en cuanto a dónde vayas en conciencia cuando estés fuera del cuerpo. Por ejemplo, si ves una película de terror antes de irte a dormir, bien podrías tener pesadillas u otras experiencias en el plano astral. Si pones tu atención en una enseñanza espiritual o dedicas un período de tiempo a la oración o la meditación antes de acostarte, podrás alcanzar los planos superiores con más facilidad. También puede ser de ayuda evitar los alimentos pesados antes de dormir.

Los ángeles, si los llamas, también acudirán en tu ayuda. Ofréceles una plegaria para que te protejan mientras duermes y para que acompañen a tu alma a las octavas de luz y los retiros de los maestros. Muchas personas observan que la oración, la meditación o los mantras, cuando se practican en la noche, las lleva a un nivel de conciencia donde viven experiencias espirituales edificantes en el plano etérico mientras duermen. Aunque no se acuerden de todo lo ocurrido, regresan a la siguiente mañana con una sensación de recarga espiritual y listos para los desafíos del día.

Ya sea de día o de noche, no debes permitir que las fuerzas negativas entren en tu vida. Tienes una poderosa Presencia YO SOY. Los ángeles te defenderán si los invocas. Al dejar de ser víctimas de las fuerzas invisibles, al tener el control de nuestras energías y nuestra vida, nos llegará una cierta paz.

«Varón y hembra...»

E l libro del Génesis dice que «en el principio, creó Dios los cielos y la tierra». Al sexto día (el sexto ciclo del desarrollo de la creación), Dios dijo: «Hagamos al hombre a nuestra imagen, conforme a nuestra semejanza». Y así está escrito: «Varón y hembra los creó»[5].

En este relato alegórico vemos que Dios posee una polaridad Divina, tanto masculina como femenina. Podemos pensar en Dios en masculino, como se ha conocido a Dios en Occidente por mucho tiempo. Espiritualmente esto refleja una comprensión de que Dios es Espíritu y guarda una polaridad con respecto a su creación y todo el universo material. Pero dentro de ese Uno divino, ese ser andrógino, Dios es tanto masculino como femenino, algo que desde hace mucho se ha conocido en Oriente. De hecho, Dios es tanto el Padre como la Madre de todos nosotros.

Cuando fuimos enviados a experimentar la vida en la tierra como llamas gemelas, nos dotaron con los atributos de esa polaridad divina, que es la naturaleza de Dios, en una proporción de 60 a 40. La llama gemela que encarnaría el aspecto masculino fue dotada de un 60 por ciento de atributos masculinos y un 40 por ciento femeninos, mientras que la que encarnaría el aspecto femenino fue dotada de un 60 por ciento de atributos femeninos y un 40 por ciento masculinos. Este desequilibrio es lo que crea el deseo de unión con la parte equivalente de uno mismo, lo que empuja al hombre y la mujer a buscar a su llama gemela.

Esa polaridad también permite que las almas experimenten distintos atributos de Dios en encarnaciones diferentes. En una encarnación masculina, el alma tiene la oportunidad de expandir las cualidades masculinas de Dios y en una femenina, el alma aprende a desarrollar las femeninas. Para que cada llama gemela pueda mantener el equilibrio en su cuerpo causal y también para facilitarle al alma que salde su karma y adquiera nuevas experiencias, las llamas gemelas reciben polaridades distintas a lo largo de su evolución.

Desgraciadamente, a veces hay personas que encuentran dificultades a la hora de ajustarse a este cambio de rol. En vez de entrar por completo en la nueva polaridad y desarrollar por completo las cualidades que producirán el equilibrio en su alma, intentan conservar de las encarnaciones pasadas aquello que les resulta más familiar. Las mujeres tratan de asumir un modo de vida más masculino y los hombres tienden a hacer lo mismo hacia el lado femenino. Cuando estas tendencias, que van contra el karma de la persona y el rol que tienen destinado en la vida, no se controlan, pueden asumir la forma de homosexualidad.

Elizabeth Clare Prophet explica el significado espiritual de este desvío del plan divino del hombre y la mujer, así como sus efectos sobre la evolución del alma:

Con cada encarnación, masculina o femenina, recibimos cierta carga en el chakra de la base de la columna. Ahí existen tres energías que se elevan en la Kundalini: «ida», «pingala» y «sushumna»[6]... Si un hombre decide practicar la homosexualidad, pervertirá el rayo masculino de las tres energías, la corriente Alfa. Si esa energía se utiliza mal continuamente, ese hombre perderá el rayo masculino y eso, con frecuencia, produce una naturaleza afeminada. Si una mujer decide practicar el lesbianismo, utilizará mal el aspecto femenino, o espiral Omega, del yo. Ello hace que la persona pierda la plenitud del potencial femenino y puede provocar un cambio hacia un estado menos intuitivo y menos exaltado.[7]

Las prácticas homosexuales son, por tanto, opuestas al flujo natural de la fuerza vital en el hombre y la mujer. De este modo, las personas usan mal el fuego sagrado, Kundalini, la llama de la vida, y también pierden el equilibrio de la polaridad Alfa-Omega dentro de ellas, así como entre ellas y su llama gemela. Cuanto más sigan por ese camino, mayor será el desequilibrio y cada vez se hará más difícil romper el modelo en cada sucesiva encarnación en la que esto se practique. Cuando la gente elige ese camino, crea un desequilibrio en las fuerzas espirituales interiores y, si su meta fuera la resurrección y la ascensión, tendrá que volver a equilibrar sus energías.

La elevación de Kundalini y el equilibrio de los chakras es la meta principal para los buscadores que se encuentran en el sendero hacia Dios. En la práctica de la unión del mismo sexo se produce un descenso de las energías del fuego sagrado. Es un intento mal dirigido para encontrar la plenitud, la cual solo puede llegar mediante la unión divina de las polaridades masculina y femenina; queriendo esa meta improbable, con frecuencia se concentra la atención en la intensificación de la experiencia física del sexo. Ese camino solo puede conducir al alma a alejarse más de la Presencia de Dios y del verdadero amor divino que el alma busca, la llama gemela.

Muchas personas dicen que se pueden abstener, pero no pueden cambiar su naturaleza. Es cierto que las energías que fluyen dentro de nosotros forman lechos fluviales profundos. Al expresar habitualmente un determinado uso de la energía sexual, estamos formando un modelo en nosotros y nuestra energía sigue fluyendo por el canal que hayamos creado.

Algunas personas creen que han nacido homosexuales y, en cierto sentido, eso puede ser cierto.

Si han ido por ese camino en varias encarnaciones, puede parecer algo muy familiar y natural. Pero si miramos el origen del alma en el corazón de Dios, no fue así: las llamas gemelas, las dos mitades de la totalidad divina, fueron creadas «varón y hembra».

En algún punto de la evolución del alma, se tomó una decisión de seguir un camino distinto. Se generó un impulso nuevo diferente a la aspiración original del alma. Así, vemos que el cambio es posible, aunque no suceda de la noche al día.[8] Cerrar un canal y abrir otro lleva tiempo. Por tanto, debemos tener paciencia con nosotros mismos y con otras personas, no condenar nunca y concentrarnos en nuestro propio esfuerzo en el sendero de la maestría sobre nosotros mismos.

Podemos utilizar la llama violeta y la ciencia de la Palabra hablada para ayudar a cambiar el curso del río y crear nuevos canales para el flujo de las energías de la vida. Podemos llenar los antiguos lechos fluviales con la llama violeta. Podemos elevar nuestras energías prestando servicio a la vida y hallar así la verdadera plenitud interior.

El sexo que tenemos al nacer nunca es una casualidad. Siempre es una oportunidad para que el alma consiga un equilibrio necesario en la expresión del arquetipo interior. El cumplimiento de nuestra misión y nuestro propósito espiritual en la vida llega cuando representamos el rol que Dios nos ha dado. Los cargos de padre, madre, hijo, hija, hermano, hermana, esposo, esposa, son sagrados. Si estamos en una encarnación femenina, por ejemplo, estamos representando el rol de madre, hija, hermana, esposa. Si somos masculinos, representamos el papel de padre, hijo, hermano, esposo. Sea cual sea el rol, debemos concentrarnos en ser lo mejor que podamos en ese rol.

Max es una persona que ha cambiado el curso del río. Con una adicción permanente al sexo y un pasado homosexual, nunca pensó que podría cambiar. Pero entonces encontró la llama violeta.

Con escepticismo al principio, empezó a probarla. Observó cambios en su vida durante unos meses. Se le hizo más fácil decir que no a un estilo de vida promiscuo que sabía que le era destructivo. Se apartó de algunos de sus amigos cuando estos no apoyaron su decisión. Un psicólogo magnífico le ayudó excelentemente y emprendió un sendero espiritual que ha marcado la diferencia en su vida.

Max dice: «Ahora tengo una alegría más grande que no tuve jamás. Aunque no ha sido un camino fácil y no siempre me salían bien las cosas, siento que la vida vuelve a ser una alegría para mí. Realmente siento que Dios y la llama violeta han cambiado el curso del río de la vida que fluye a través de mí».

Libertad mediante el perdón

Una de las razones por las que la condenación parece entrar en nuestra vida tan fácilmente es que en nosotros hay elementos de condenación propia. La condenación externa nos ata a modelos negativos que ya existen, activándolos. Los mismo sucede con la proyección negativa. Si en nosotros hay algo que responde a ello, tendremos más probabilidades de identificarnos con ello y permitir que entre.

Cuando Jesús dijo: «Viene el príncipe de este mundo, y él nada tiene en mí»[9], sabía lo que decía. Él ya había limpiado su mundo interior. No tenía puntos vulnerables. Nosotros también podemos aspirar a lo mismo y una de las mayores herramientas espirituales a nuestra disposición es la llama violeta. La podemos enviar hacia los abusos de la luz que hayamos cometido en el pasado para ver cómo estos se consumen.

Dios no nos recrimina nuestros errores. De hecho, ni siquiera los reconoce, porque en su conciencia estos se consumieron hace mucho con la llama violeta. El demonio, al contrario, nunca perdona ni olvida. Nos echará en cara nuestros supuestos pecados aun en el momento en que estemos ascendiendo. Las fuerzas de la oscuridad intentan hacer que la vida sea *demasiado seria*. Tratan de convertir el hondo y oscuro pasado en un problema enorme, y nos lo susurran para que jamás podamos superarlo.

Todos tenemos karma y todos tenemos defectos, de lo contrario no seguiríamos aquí, en la Tierra. Es importante que seamos realistas al evaluarnos a nosotros mismos, y que tengamos una idea de lo que necesitaremos para saldar y transmutar ese karma. Al mismo tiempo, podemos ser dichosos en medio de ese proceso mientras pedimos perdón, invocamos la llama violeta y salimos de las sombras hacia la luz.

El pasado nos puede atormentar solo si lo permitimos. El pasado no es real. Solo la vida eterna lo es. El tiempo y el espacio es donde vivimos los efectos de nuestro karma. Solo en el tiempo es que la muerte existe y nuestra percepción del tiempo y el espacio es lo que nos limita.

Podemos triunfar sobre el tiempo y el espacio, y ese triunfo lo será sobre la matriz de la limitación. En verdad, ya somos seres de luz eternos, inmortales e infinitos. Solo tenemos que reconocerlo y convertirnos en quienes realmente somos.

Cómo proteger tu aura

Una clave importante para afrontar las proyecciones negativas, ya sea que provengan de gente a nuestro alrededor o de fuerzas invisibles, es sellar y proteger el aura. Un medio eficaz para ello es la invocación del tubo de luz. En la Gráfica de tu Yo Divino esto está representado como el cilindro de luz blanca que desciende de tu Presencia YO SOY (véase pág 55).

Para establecer este tubo de luz a tu alrededor, visualiza tu Presencia YO SOY por encima de ti y ve cómo una cascada de luz desciende desde la Presencia a todo tu alrededor, formando un cilindro de un diámetro de nueve metros. Una vez tengas esa imagen en la mente, puedes reforzarla haciendo el siguiente decreto tres o más veces:

> Amada y radiante Presencia YO SOY,
> séllame ahora en tu tubo de luz
> de llama brillante maestra ascendida
> ahora invocada en el nombre de Dios.
> Que mantenga libre mi templo aquí
> de toda discordia enviada a mí.
>
> YO SOY quien invoca el fuego violeta,
> para que arda y transmute todo deseo,
> persistiendo en nombre de la libertad
> hasta que yo me una a la llama violeta.

El tubo de luz sella y protege tu aura, tu mente, tus pensamientos y sentimientos. Es tan fuerte e impenetrable como tú lo visualices y lo invoques.

Como ayuda, también tienes a tu disposición a los ángeles que Dios ha enviado para que nos curen y protejan. El Arcángel Miguel es el líder de los ángeles protectores. Él y sus legiones angélicas te pueden sellar para que no te afecte la atención indeseada ni las fuerzas invisibles. Él puede establecer un campo energético de luz azul protectora a tu alrededor como respuesta a una oración tuya. Los ángeles quieren ayudarte y lo pueden hacer más eficazmente si los llamas y trabajas con ellos.

He aquí una breve oración que puedes decir en caso de emergencia:

Arcángel Miguel,
¡ayúdame! ¡ayúdame! ¡ayúdame!

Puedes llamar al Arcángel Miguel a diario con el siguiente decreto, haciéndolo antes de viajar o en cualquier momento que sientas necesidad de protección:

¡San Miguel delante,
San Miguel detrás,
San Miguel a la derecha,
San Miguel a la izquierda,
San Miguel arriba, San Miguel abajo,
¡San Miguel, San Miguel, dondequiera que voy!

¡YO SOY su amor protegiendo aquí!
¡YO SOY su amor protegiendo aquí!
¡YO SOY su amor protegiendo aquí!

Marion es una viuda de setenta y dos años que tiene toda su fe en esta oración. La recitó por primera vez cuando falleció su esposo y sentía miedo al estar sola por la noche. Ahora empieza el día llamando al Arcángel Miguel. El amor y la compañía que siente por parte de este arcángel es un consuelo constante en su vida.

Si llegas a conocer al Arcángel Miguel descubrirás que es el mejor amigo que puedas tener. Puede protegerte a ti, proteger a tus seres queridos y todas tus relaciones en esta vida. Puede protegerte tu reunión con tu llama gemela y desenmascarar a las personas que se acerquen como impostoras o imitadoras de esa luz.

En el capítulo 8 se dan ejercicios espirituales adicionales para que puedas sellar y proteger tu sendero espiritual.

5
Un amor por el que vale la pena esperar

Por doloroso que sea, amados, os digo que estáis separados de vuestra llama gemela por un motivo y solo uno: no os habéis amado unos a otros como Cristo os ha amado individualmente y, por tanto, el karma ha producido la separación.

CHAMUEL Y CARIDAD
ARCÁNGELES DEL AMOR

El deseo de pureza

He hablado con muchos adolescentes, así como con adultos, que me han dicho que quieren volver al estado de pureza que una vez conocieron. Otros me contaron que eran vírgenes, técnicamente hablando, pero no se sentían así. Todos querían volver a tener una vida llena de pureza.

Eso es lo que realmente significa ser virgen. La conciencia virgen no lo es tanto en lo que respecta al cuerpo físico. La virginidad no es solo una condición de la carne; su mayor importancia está en que es un estado de la mente y el corazón, el alma y el espíritu.

Sea cual sea tu pasado, puedes cambiar tu presente y tu futuro. Puedes comenzar ahora mismo a manifestar el amor que anhelas atraer. Porque tienes oportunidades y alternativas sobre cómo vas a usar la luz y la energía de Dios que recibes todos los días.

La decisión de estar sexualmente activos sin estar casados puede considerarse desde una perspectiva espiritual como una ecuación de energía. Cada día recibimos una cantidad determinada de energía y, por tanto, tenemos una cantidad limitada que podemos usar.

¿Cuánta cantidad de luz perdida se puede considerar como demasiada?

¿Cuánta luz podemos perder antes de que nos quedemos sin la necesaria para cumplir nuestra misión?

135

¿Cuánta cantidad podemos perder antes de que desaparezca nuestro imán para atraer al ser especial a quien estamos buscando?

Estas son preguntas que merecen nuestra reflexión, pues las consecuencias que tienen nuestras elecciones son de gran alcance.

A la espera del ser especial

Se ha dicho que el amor que merece la pena es un amor por el que vale la pena esperar. Parece un concepto sencillo, casi evidente por sí mismo, pero gran parte de nuestra cultura popular parece argumentar lo contrario.

En plena revolución sexual en la década de los setenta había una popular canción que aconsejaba: «Si no puedes estar con la persona que amas, ama a la que esté contigo»[1]. Parece que mucha gente vive así. En vez de esperar a la persona que saben tienen destinada, se conforman con el amor que esté disponible. La canción parece ser una llamada a la liberación y que haya más amor, pero ¿a qué precio?

Si aún no has encontrado a la persona que tienes destinada, piensa en esa persona: tu llama gemela, tu alma compañera, el amor destinado en tu vida. ¿Querrías que tuviera una relación con otra persona, puesto que aún no te ha encontrado, o querrías que estuviera esperándote?

Ahora imagina que tú eres esa llama gemela o alma compañera. ¿Qué estarías buscando? Si fueras caminando por la calle y te vieras a ti mismo ahí, ¿te detendrías? Esa persona que imaginas, ¿estaría interesada en ti, tal como eres actualmente?

En el romance, como en otras relaciones en la vida, tendemos a atraer lo que es igual que nosotros. Y si queremos atraer el amor perfecto, un alma de luz, entonces eso es lo que tenemos que llegar a ser. Podemos esforzarnos por amplificar el amor y la luz dentro de nosotros. Deberíamos pensar en limpiarnos el karma de encima y llegar a ser la mejor persona que podamos llegar a ser con el fin de atraer a la mejor pareja en la vida.

Esto puede llevar tiempo, y puede requerir paciencia. Puede que descubramos que tenemos que dejar pasar algunas cosas que quisiéramos hacer y que nos harían sentir bien en el momento. Si queremos mantener y acumular la luz que forma el imán para atraer a la persona que realmente buscamos, es posible que tengamos que hacer sacrificios. Pero estos parecerán insignificantes a la larga. Tener a la pareja adecuada en la vida marca una diferencia casi más grande que cualquier cálculo que se pueda hacer.

La búsqueda del amor

En la búsqueda del ser especial con quien estamos destinados a estar, hay un trabajo espiritual que realizar. Pero ¿cuáles son los pasos prácticos que hay que dar? ¿Qué hay que hacer para buscar a la persona adecuada?

La habitual respuesta es citarse, conocer a mucha gente, salir, mejorar la capacidad de relacionarse y, al final, encontraremos a alguien. Puede que eso les funcione a algunas personas. Sin embargo, en el sendero espiritual las relaciones asumen una perspectiva distinta. No es simplemente una cuestión de encontrar a alguien que nos atraiga, con quien pudiéramos ser «felices». La meta es encontrar a la persona con la que estamos «destinados» a estar para cumplir el plan de la vida y para el crecimiento espiritual. Y, por supuesto, eso es lo que al final produce el amor más profundo y la felicidad más duradera.

También hay que preguntarse dónde queremos poner el enfoque. Las relaciones románticas consumen tiempo y energía, y en esta vida tú tienes una cantidad finita de las dos cosas.

Mucha gente se pasa los años de relación en relación. Es posible que la gente sepa que su novio o novia no es la persona con quien quiere pasar el resto de su vida, pero la relación le llena por ahora y satisface la necesidad. Pero ¿qué se gana con la experiencia y qué oportunidades se pierden?

No mucho después de graduarme en medicina conocí a un médico de Inglaterra que estaba de visita en el hospital donde yo trabajaba, en Australia. Él era cirujano plástico y yo estaba aprendiendo a ser anestesista. Teníamos el mismo sentido del humor, nos gustábamos y empezamos con buen pie. Yo ya tenía pensado visitar Inglaterra para seguir preparándome en mi especialidad cuando él regresó a su país después de un par de semanas en Australia. Me dio su dirección y me dijo que lo buscara cuando llegara a Inglaterra.

Después de establecerme en mi pequeño apartamento de Hull, en el norte de Inglaterra, viajé en automóvil a Cambridge para poder verlo. ¿Quería realmente re-unirme con él? ¿A dónde nos conduciría esto?

Me sentía incómoda. Recé y decidí que la situación no parecía estar bien. Aunque los dos sentíamos una atracción mutua, mi corazón me decía que no si-guiera adelante. Podría ser divertido y entretenido, pero tenía la sensación de que él no era la persona para mí. Encen-dí el automóvil, di la vuelta y viajé de regreso a mi casa.

Si sientes atracción hacia alguien, antes de hacer nada, por precaución, conviene realizar el trabajo espiritual y usar la llama violeta. Espera a que la voz interior te guíe inequívocamente.

No sé qué habría pasado si hubiera tomado el otro camino. Quizá hubiera descubierto rápidamente que la relación no esta-ba bien o, quizá, habría tenido un largo ciclo de diez o veinte años o más.

Desde donde me encuentro actualmente veo que el camino que no escogí no estaba destinado para mí. Dios tenía otros planes y, afortunadamente, me detuve, miré, escuché y obedecí la voz interior.

Es importante recordar que tu vida tiene un plan que inclu-ye todo lo que tu alma necesita para crecer y para que consigas la victoria, incluyendo a la persona con la que debes formar pareja.

Si sientes atracción hacia alguien, antes de hacer nada, por precaución, conviene realizar el trabajo espiritual y usar la llama violeta. No tomes decisiones en base a la intensidad de las emociones, espera a oír la voz interior, la vocecita queda que te dará una guía inequívoca.

Si esperas, bien podrías descubrir que la intensa atracción que sientes por alguien se disipará. Si usas la llama violeta y la energía del karma se transmuta, te preguntarás qué fue lo que viste en esa persona. Te alegrarás de haber evitado un enredo kármico y otro vínculo sexual innecesario; y, posiblemente, la creación de toda una nueva ronda de karma. Guardaste toda tu luz y tu energía para magnetizar la verdadera relación que Dios y tu Yo Superior tienen planeado para ti en esta vida.

Por otro lado, puede ser que la relación sea la que tienes destinada. Es ese caso, el trabajo espiritual solo puede mejorarla. Esa relación puede ser con tu llama gemela o tu alma compañera; o puede ser una relación kármica que debe resolverse de una forma muy personal. En cierto sentido, eso no importa. Sea cual sea la relación ordenada para ti, esta ofrecerá la mayor oportunidad de dar y recibir amor, experimentar tu potencial divino y progresar en el sendero.

Mi abuela solía decir: «Lo que te corresponde no te pasará de largo». Más vale «demorarse y rezar».

Dios te hará saber si una relación en particular está bien, si le das la oportunidad de que te lo diga. Sin embargo, si no lo quieres saber porque quieres a esa persona o la relación más de lo que quieres la Verdad, Dios respetará tu libre albedrío. Y puede que te encuentres aprendiendo en la escuela de la vida llena de dificultades.

Cómo dejar que Dios dirija

ace dos mil años, Jesús prometió a sus discípulos: «Mas buscad primeramente el reino de Dios y su justicia, y todas estas cosas os serán añadidas»[2]. Eso es cierto en las relaciones como lo es en todos los ámbitos de la vida.

Mucha gente con un sendero espiritual ha descubierto que solo encontró a la persona adecuada cuando abandonó sus propios esfuerzos y pusio la búsqueda en manos de Dios. Muchas veces para eso hizo falta hacer un acto de fe. A veces la decisión nació de una especie de desesperación tras unos intentos que terminaron mal.

Eso fue lo que me pasó a mí. Incluso antes de que supiera nada sobre llamas gemelas, siempre andaba buscando a la persona que era para mí. Salí con docenas de personas durante mi época de estudiante y también después, como joven médico. Cada vez me quedaba decepcionada. Algunos de ellos eran personas excelentes, jóvenes doctores u otros profesionales con un futuro magnífico. Pero normalmente descubría rápidamente que no eran para mí.

Finalmente, después de más de una docena de años de búsqueda, encontré a alguien y me pareció que sí debía casarme con él. Steven era una persona profesional. Los dos teníamos un compromiso con el sendero espiritual. Superficialmente, todo parecía fenomenal. Yo quería casarme, y él quería casarse conmigo. Él me gustaba y me convenció de que lo que había era amor. Nos comprometimos y pusimos fecha para la boda. Se enviaron las invitaciones y se hicieron todos los arreglos para la ceremonia.

Entonces, de repente, dos semanas antes de la boda, se produjo algo que solo puedo llamar intercesión divina. Fue como si se hubiera levantado un velo. De repente pude ver con claridad. Me di cuenta de que Steven no era la persona para mí en absoluto. Lo cancelé todo.

A partir de esa experiencia también comprendí que, en realidad, no era capaz de encontrar a la persona adecuada si me apoyaba en mi mente externa. Decidí dejar la búsqueda. Cansada del carrusel en el que me había montado, pasé un período de varios años sin salir con nadie. Me concentré en mi sendero espiritual y en mi relación con Dios y recé para que me enviara la persona adecuada, cuando lo considerara oportuno. Lo puse todo en manos de Dios y hallé una paz desconocida con respecto a las relaciones.

En el momento adecuado, Dios me trajo a Peter, mi futuro esposo, dejando bien claro que él era la pareja para mí. Peter también había dejado de salir con una pareja varios años antes con el fin de concentrase en la búsqueda de su sendero espiritual. A la edad de treinta y tres años había tenido el sentimiento de que estaba listo y ofreció una oración de todo corazón para que, si la voluntad de Dios lo permitía, pudiera encontrar a alguien que lo amara y a quien él pudiera amar. Entonces envió la oración, poniéndola en manos de Dios.

Cuando nos encontramos unos meses después, no fue una cuestión de enamorarse, eso llegó un poco después. Fue más más como un destello de reconocimiento e iluminación. Los dos supimos, al instante, que estábamos destinados a estar juntos. No hubo ninguna señal externa, solo un saber interior. Fue como si un velo se hubiera levantado y, esta vez, estaba mirando a la realidad y no a la irrealidad.

Creo que no habría encontrado a Peter si hubiera seguido el otro camino. Nos conocimos unos años atrás durante una conferencia en Estados Unidos, y sentimos una cercanía por ser compatriotas australianos. Tuvimos varias conversaciones, pero nada más que eso, y tomé la decisión de renunciar a mi búsqueda, pues vivíamos en distintos continentes, en puntos opuestos del planeta. Pero cuando le cedí el mando a Dios, parece que reorganizó toda mi vida para que nos reuniéramos.

Para que una decisión así funcione, debe salir de lo más profundo de nuestro interior. No puede ser un intento de negociar con Dios. Debe ser algo fundamentado en la fe, la fe en que Dios es totalmente capaz de traernos a la persona adecuada y que el amor aparecerá. Incluso tendremos que superar el miedo a que Dios pueda cargarnos con una persona que en realidad no nos guste o a la que no amemos, como un matrimonio mal arreglado. (Y quizá tengamos recuerdos subconscientes de experiencias negativas parecidas en vidas anteriores).

La decisión solo puede surgir a partir de una renuncia y una disposición a abandonar los deseos externos y la programación de la familia, los medios de comunicación y la sociedad. Pero no es una renuncia ofrecida a un Dios impersonal externo a uno mismo, sino una renuncia ofrecida al Yo Real de uno mismo, con la voluntad de soltar el yo inferior para que el Yo más grande pueda entrar y dirigir nuestra vida.

Si estás buscando a tu llama gemela, este puede ser el único camino para lograr la meta. Tu yo inferior ha creado un karma que te ha separado de tu Yo Superior y de tu llama gemela. Tu llama gemela y tú ya estáis unidos en el nivel de tu Yo Superior y puede ser que solo permitiendo que el Yo Superior dirija tu vida es que puedas reunirte con ella exteriormente.

Una pareja de fe cristiana escribe sobre la alegría y la

realización que se siente al hacer precisamente eso. Ellos lo llaman «dejar que Dios escriba tu historia de amor»[3]. Quizá no todo el mundo esté preparado para dar ese paso. Pero si tú estás dispuesto a hacer el acto de fe, podrías descubrir, como muchos otros han hecho, una nueva paz con respecto a las relaciones.

También descubrirás que, en el momento adecuado, Dios encontrará una manera increíble de ponerte cara a cara con la persona que te corresponde.

Salir juntos

Abandonar la búsqueda no significa encerrarse en una habitación y vivir como monjes. Puede querer decir poner a un lado por un tiempo el salir con alguien. Puede querer decir no satisfacer la expectativa de las amistades y la familia de que tengas que tener novio o novia ahora mismo.

El concepto de salir con alguien tal como lo conocemos actualmente es una invención reciente. Hace un siglo, los jóvenes formaban amistades con personas del sexo opuesto, pero se esperaba que la intención de obtener una relación especial o exclusiva con una persona estuviera basada en un interés genuino en el compromiso y el matrimonio.

El siglo veinte trajo consigo una nueva libertad para buscar relaciones, una liberación de los matrimonios dictados por las familias o las normas sociales. La gente era más libre de seguir lo que sentía en el corazón y buscar el amor, pero con ello han surgido unos desafortunados efectos secundarios. Uno de ellos es que el salir con una pareja tiene actualmente unos aspectos negativos visibles.

Parece que los adolescentes empiezan a salir a edades cada vez más tempranas, mucho antes de estar preparados para pensar ni siquiera en un compromiso ni en el matrimonio. Tener novio o novia es una meta en sí mismo y no se espera que esas relaciones duren mucho tiempo. El objetivo principal es la emoción del romance y la intimidad, ya sea una intimidad a nivel emocional o también física.

Esas experiencias pueden proporcionar un disfrute, pero cuando los jóvenes van de relación en relación, con frecuencia dan una parte de sí mismos a cada nueva pareja. Estos jóvenes a menudo descubren a través de vivencias dolorosas que la otra persona no era capaz de mantener ese regalo y respetarlo como ellos esperaban.

Algunos descubren que nunca más serán capaces de confiar completamente ni de enamorarse tanto. Las cicatrices emocionales pueden tardar en curarse años enteros. A veces permanecen toda una vida, junto con el SIDA, el herpes u otras enfermedades contraídas cuando la intimidad prematura se hizo física.

Años después, cuando las personas podrían hacer la clase de compromiso que requiere el matrimonio y una relación duradera, se habrán acostumbrado a tener novio o novia como meta en sus relaciones. La necesidad que tengan de amistad e intimidad emocional (e incluso física) se satisfará teniendo novio o novia, y aun si sintieran que les falta algo, se habrán acostumbrado a relaciones a corto plazo, de compromiso limitado. A veces esas personas sienten temor o no saben cómo mantener el compromiso o hacer el sacrificio necesario para tener algo más.

Las personas que se quedan atoradas en el limbo del noviazgo pagan un precio espiritual. Nunca ponen en marcha las partes del plan de su vida o las tareas kármicas que les han asignado a través del matrimonio y la familia. Todos leemos las historias de personas así, especialmente mujeres, que han tenido una vida aparentemente interesante y con éxito y que cuando llegan a la mediana edad se dan cuenta de que han perdido las oportunidades de casarse y tener una familia. Quizá tuvieran relaciones a lo largo del camino. Pero sienten un gran arrepentimiento por las oportunidades perdidas, incluyendo la de tener hijos. Además, el sentimiento de pérdida puede ser un síntoma de un nulo crecimiento espiritual del alma, que ha sido sacrificado a cambio de lograr el éxito exterior.

Los noviazgos repetidos también pueden producir expectativas poco realistas sobre las relaciones. Cuando la emoción del romance se desvanece y las cosas se vuelven difíciles, la gente se acostumbra a terminar la relación y seguir por su camino. Encuentran difícil ir más allá de su «enamoramiento con el amor» para descubrir un amor que brota de una fuente más profunda que los sentimientos románticos y las atracciones.

No valoramos como debiéramos nuestro período de solteros, ya que provee oportunidades únicas para la educación, el crecimiento espiritual, la dedicación exclusiva a la misión del alma y el sendero espiritual. Esto se ejemplifica en la historia de un Jesús adolescente que se une a la caravana en dirección a la India en su búsqueda de los instructores espirituales de Oriente.[4] Es la historia de los caballeros de la Mesa Redonda y su búsqueda para matar dragones, corregir los males del mundo y hallar el Santo Grial.

La juventud posee un enorme idealismo y muchísima energía (y los de cualquier edad que estén a solas con Dios), y un anhelo que encuentra su mayor realización en el servicio al mundo y la unidad con Dios. Si esa energía se canaliza de forma prematura o exclusiva en las relaciones, la gente con frecuencia se priva a sí misma del mayor de los regalos que ofrece esta etapa en la vida. El salir con una pareja tiene su propósito. Es un período en el que conocer a alguien antes de decidir si uno se comprometerá a tener una relación más profunda. Si la otra persona tiene algo que uno no puede soportar, es mucho mejor descubrirlo antes de casarse.

Pero antes de hablar más sobre las citas y el romance, miremos algo aún más fundamental.

Amistad

En los mejores matrimonios, los amantes también son amigos. Como tipo de relación, la amistad se diferencia del romance en que puede ser más duradera, aunque no sea tan intensa.

La amistad se centra en los intereses comunes, valores y metas compartidas. Una relación romántica se centra más en el interior, en la relación en sí y en la otra persona. Tendemos a pensar en los amantes buscando privacidad, mientras que los amigos reciben con gusto a otras personas para que se unan a su círculo. C. S. Lewis describe la diferencia de la siguiente manera: «Nos imaginamos a los amantes cara a cara, pero a los amigos lado a lado, mirando al frente»[5].

Una dificultad que surge con el énfasis moderno en los noviazgos es que se tiende a perder prematuramente la oportunidad de crear amistades. La gente se siente animada a preguntar si existe alguna atracción antes de descubrir si los dos tienen algo en común. Ello puede conducir a una intimidad superficial basada en sentimientos románticos. Sin la base de la amistad, esas relaciones a menudo duran solo tanto como duren los sentimientos.

El concepto de «cita» también tiene implicaciones negativas. A veces salir con una persona puede ser estresante. Las chicas se pueden pasar horas escogiendo qué ponerse, arreglándose el pelo y maquillándose a la perfección. Los chicos se esfuerzan igual, pero tienden a enfocar la energía más en qué decir y qué hacer para conseguir una respuesta emocional.

Hasta dónde puede llegar todo eso podemos verlo en libros para mujeres como *Cómo hacer que un hombre se enamore de ti* y *Cómo conseguir que cualquier hombre haga lo que tú quieras*; y en libros para hombres como *El juego* y *Cómo ligar con las chicas*. Este último contiene todo lo que hay que saber, «desde las frases más inteligentes para desarmar a las chicas hasta las estrategias a largo plazo para conseguir que las mujeres más atractivas y sensuales se enamoren de ti».

> *El amor no consiste en mirarse a los ojos, sino en mirar hacia fuera juntos, en la misma dirección.*
>
> ANTOINE DE SAINT EXUPÉRY

Joshua Harris, autor del libro *Le dije adiós a las citas amorosas (I Kissed Dating Goodbye)*, cuenta la historia de un joven cuya estrategia consistía en llevar su cita a la tienda de muebles. Mientras iban andando por los pasillos, él le preguntaba a ella qué mesas y sofás le gustaría tener en su casa algún día. «Las chicas se vuelven locas con eso», dijo el joven, que explicó que, con pensamientos sobre el matrimonio y la familia en mente, las chicas se ponían más románticas y afectuosas después.[6]

En lo más bajo, a menudo hay mucha manipulación durante las citas. Algunas personas están para llevarse lo que puedan, y saben cómo llegar a los puntos emocionales del sexo opuesto para conseguir lo que quieren.

Pero incluso con buenas intenciones y sin deseos de manipular a nadie, la gente normalmente se esfuerza en tener buena apariencia y dar buena impresión. Quiere de verdad que la otra persona se lo pase bien y no quiere ser rechazada.

Eso puede crear un entorno artificial, parecido de algún modo a una entrevista de trabajo. La persona se presenta muy bien al principio, y quizá la otra no descubra cómo es en realidad hasta que pase algún tiempo. Mientras tanto, se podrá haber enamorado de la imagen que vio y no de la persona real. Y para entonces, se habrá acumulado una intensidad emocional que hará difícil evaluar las cosas con objetividad. Ya estará enganchada. Se encontrará metida en una relación que no está bien o pasará por un proceso doloroso de separación emocional a partir de una relación que no es lo que pensó al principio.

Por tanto, si quisieras conocer a una persona mejor, piensa primero en la amistad, antes que en la relación romántica. Hay muchas personas para las cuales las actividades en grupo sirven como alternativa a las citas puesto que sienten que las libera. Ya sea en situaciones estructuradas con grupos organizados o simplemente con amistades, disfrutando al hacer actividades juntos, hay muchas oportunidades para entretenerse y relacionarse socialmente con gente de los dos sexos sobre la base de una amistad e intereses mutuos, sin las presiones emocionales ni las expectativas de la relación individual. Si la situación conlleva un trabajo voluntario o un servicio a los demás, está el beneficio añadido de tener oportunidades para crecer personal y espiritualmente.

Si conoces a alguien en grupo, no pases todo el tiempo con esa persona. Fíjate en cómo se relaciona con otras personas y cómo lo hace contigo. ¿Trata a la gente con respeto y amabilidad? ¿Esa persona es auténtica o intenta impresionar a la gente? ¿Cómo afronta el estrés y las dificultades? ¿Cómo trata a sus padres?

La amistad es algo que se desarrolla de forma natural. Lewis continúa diciendo:

La amistad lleva intrínsecamente el deseo de algo distinto a la amistad en sí. Si a la pregunta, *¿ves la misma* *verdad?,* la respuesta es, *no veo nada y no me importa la verdad, solo quiero amistad,* entonces no puede surgir ninguna amistad, aunque el afecto, por supuesto, sí puede. No habría nada en torno a lo cual la amistad pudiera girar; y la amistad debe girar en torno a algo.[7]

La amistad se basa en tener en común los mismos intereses. Para alguien que siga el sendero espiritual, el fundamento más natural para una amistad sería un deseo común de caminar por ese sendero. Si el amor hubiera de surgir a partir de esa amistad, así sea, pero dejemos que se desarrolle a su manera y a su debido tiempo.

Ella Wheeler Wilcox escribe:

> El amor que no tiene amistad en qué basarse
> es como una mansión construida sobre la arena.[8]

En el libro de Cantares, la novia de Salomón dice:

> No desveléis ni hagáis velar el amor,
> Hasta que quiera.[9]

Sinceridad

ucille Yaney, psicóloga y buena amiga mía, ha desarrollado un gran conocimiento sobre las relaciones debido a sus muchos años de trabajo profesional. Lo que les aconseja a sus clientes es que la característica principal a buscar en una posible pareja sea que la persona sea «normal». Se refiere a alguien con quien te puedas relacionar de una forma cómoda y natural.

Buscar a alguien que sea normal puede sonar obvio o poco interesante, pero lo que ella quiere decir con eso es que a menudo la gente no sabe quién es la persona en realidad hasta que está metida de lleno en la relación. También depende de si quieres tener una relación en paz o si quieres que haya competencia, llevar siempre la delantera y drama, algo que ocurre en muchos matrimonios.

La gente acude a Lucy cuando tiene esa clase de matrimonio, y cuenta cómo se sorprendió al descubrir cómo era en realidad la persona con que se casaron. Pero después de haber hablado sus clientes un rato con ella, normalmente Lucy descubre que ya en la primera cita o encuentro se podían ver todas las señales. Pero la persona simplemente no sabía reconocerlas.

Cuando sales con alguien por primera vez y al marcharte te sientes bien, normalmente eso es una señal. Si crees que has llegado a conocer a la persona, si sientes que el encuentro ha sido sincero y sin pretensiones y entre los dos hay una buena conexión, generalmente lo esencial en la relación tiene una base sólida y tiene posibilidades de funcionar bien. Si pudiste mantener la sinceridad y sentirte cómodamente con esa persona, incluso en esta primera etapa de la relación, es probable que la relación, si se desarrolla, sea una relación con paz.

Ten cuidado si sientes una increíble pasión y emoción al principio. Si hay fuegos artificiales en las primeras etapas de una relación, si sientes desestabilidad, si hay adulaciones y mucho drama, eso es a menudo un aviso de problemas posteriores. El drama es en general una exageración y una indicación de que la otra persona se está distanciando de su verdadero yo. Cuidado también si ves que no puedes ser tú mismo o que empiezas a distanciarte de quien eres en realidad.

Si sientes desestabilidad al principio de una relación, si hay mucho drama, eso es a menudo un aviso de problemas posteriores.

Cuando tengas una fuerte conexión con tu Yo Superior sentirás más energía, sentirás que tienes más vida. Tu Yo Superior es tu suprema fuente de energía. Cuando nos encontramos bajo nuestra Presencia YO SOY y Ser Crístico es cuando nos sentimos reales, cuidamos de nosotros mismos y nos respetamos. Pero cuando empezamos a desviarnos de esa conexión, sentimos que no somos la misma persona y entonces empezamos a comportarnos de esa misma manera. Comenzamos a hacer lo que la gente quiere en vez de lo que debemos hacer. Entonces nos baja la energía. Se produce una sutil depresión que desciende cuando empezamos a querer ser algo que no somos o si intentamos ser alguien que otra persona quiere que seamos. Seremos menos capaces de sostenernos por nosotros mismos y disminuirá el respeto que sentimos por nosotros mismos.

Una forma de compensar la pérdida de energía es poner en movimiento el cuerpo emocional. En vez de utilizar nuestro yo espiritual para obtener la energía, podemos utilizar nuestro cuerpo emocional, de ahí el drama en la relación.

Otra tendencia surge al perder el respeto hacia nosotros mismos, que significa pensar que la otra persona es lo mejor del mundo. ¿Por qué? Porque esa persona compensará nuestra carencia, toda la irrealidad y proveerá un apoyo que necesitamos. Existe una tendencia a exagerar los buenos aspectos, a ver solo lo bueno e ignorar los defectos, idolatrando a la otra persona. Y si él o ella tuviera un nivel bajo de autoestima como nosotros, bien podría aceptar la idolatría que ofrezcamos y ponerse sobre el pedestal que hayamos creado.

Todo esto podrá parecer que va muy bien por un tiempo, especialmente si no hay un verdadero compromiso y estamos en la emoción de salir juntos. Pero si queremos hacer la relación más profunda o si nos casamos, después de un tiempo las cosas dejarán de funcionar. La otra persona no satisface nuestras expectativas ni nos da todo lo que queremos, ni puede hacerlo. Se ha caído del pedestal y ahora los dos sentimos rencor. Los cuerpos emocionales cobran protagonismo y el drama crece. La luna de miel se acaba de todas todas. Y el matrimonio o la relación probablemente no dure mucho más porque, simplemente, no se pueden mantener esas pretensiones durante mucho tiempo.

Este tipo de relaciones podrían ser de naturaleza kármica. Un psicólogo podría decir que los dos encajan perfectamente en lo que a su yo irreal se refiere. El yo irreal de cada persona equilibra el de la otra. De hecho, quien provocó la atracción desde un principio fue el yo irreal o incompleto. Y cuando Lucy trabaja con clientes que tienen esas circunstancias, normalmente descubre que todo eso ya existía cuando las personas se vieron por primera vez.

Aunque el drama es una señal de aviso de que la relación es kármica, algunas personas disfrutan de ese drama y pueden aprender de relaciones de este tipo. Del lado positivo, el drama puede empujarnos a resolver cosas. Uno puede crecer sin duda en una relación llena de drama. Hay gente que dice: «He crecido y he cambiado, y él (o ella) me ha forzado a ser mejor persona». Si quieres que tu matrimonio sea un proceso interminable de cambio e iniciación más allá de lo normal, entonces sí, puedes meterte en un matrimonio o relación de ese tipo y aprender. Pero es muy difícil vivir así día tras día. Puede llegar a ser como una terapia de veinticuatro horas al día, y hay mejores sitios para la terapia que el propio hogar. Habitualmente podemos aprender esas lecciones sobre nosotros mismos al lidiar con la familia, los compañeros de trabajo o en otras situaciones de ámbito social.

Espiritualmente hablando, cada relación tiene un significado. Desde una perspectiva psicológica, la finalidad de salir con alguien es pasar la mayor cantidad de tiempo con esa persona para poder empezar a ver qué hay detrás. ¿Qué quiere? ¿Qué le motiva de verdad?

Por eso necesitamos desarrollar discernimiento a la hora de salir con una pareja. Escucha lo que diga la otra persona y escucha su voz y cómo lo dice. Ten cuidado si la voz suena fingida o desconectada o si no parece real. Pon atención a cómo te sientes cuando estás con esa persona y cómo ella te hace sentir. Y ten la voluntad de ver todo eso tal como es (y no tal como quieres que sea) y se fiel a tu yo real.

Compromiso e intimidad

Muchas personas, que ven los problemas que tiene la costumbre actual de salir con una pareja, han decidido dejar de salir por completo; o al menos lo quieren llamar con otro nombre. A algunas personas les gusta usar la palabra «cortejo». Es un término pintoresco, que nos recuerda los valores de otra época. Aún más importante, transmite el hecho de que la búsqueda de una relación romántica tiene un propósito.

El noviazgo tiene su lugar, sea cual sea el nombre que le demos. Para poder saber si quieren comprometerse más, las dos personas normalmente deben pasar tiempo juntas, aprender cosas la una de la otra, hablar de lo que realmente les importa. La diferencia está en que hay un fin mayor que el simple disfrute de salir juntos.

Salir con una pareja de esa manera conlleva unas claras expectativas. Ello no implica un compromiso de que el matrimonio sea el punto final. No es una promesa de matrimonio y no es una promesa para una relación continua. El compromiso es para respetar a la otra persona y no hacer juegos, no suscitar el amor o el compromiso de otra persona sin estar dispuesto a responder de igual modo.

Algunas personas argumentan que no hay nada malo en empezar una relación con un compromiso limitado, siempre y cuando las dos personas sean conscientes de ello desde el principio. ¿Y si las dos buscan solo divertirse y nada más? Todo depende de lo que quieras en la vida. Mucha gente vive así y mucha otra gente te dirá que, después de años así, la cosa no es nada satisfactoria.

Junto con el compromiso, una perspectiva sana sobre cómo salir en pareja también suscita el respeto hacia la intimidad tanto física como emocional. Este punto de vista actualmente es casi revolucionario, dado que la intimidad sin compromiso parece haberse convertido en lo normal en la cultura popular.

Un grupo de gente que nada contra esa corriente es el de los «cristianos conservadores». Sin embargo, su argumento en favor del celibato antes del matrimonio muchas veces se basa en un seguimiento de las reglas de las escrituras en vez de dar un conocimiento más profundo sobre los principios espirituales. Con esa perspectiva limitada la gente se puede quedar estancada en las reglas. La virginidad física y técnica se convierte entonces en la meta y la gente cae en la trampa de pensar que cualquier grado de intimidad física o emocional es aceptable, con tal de que no llegue a la relación sexual.

Con frecuencia esto pone a las personas en una situación muy difícil, en la que intentan evitar que las cosas lleguen «demasiado lejos». Sin embargo, justo antes del «demasiado lejos» es cuando es más difícil parar, puesto que las potentes energías emocionales y físicas ya se han despertado llegados a ese punto. Y aunque las cosas no lleguen demasiado lejos físicamente, hay un precio que pagar mental, emocional y espiritualmente por una intimidad que es prematura y demasiado frecuente.

La decisión de querer una relación del corazón es una decisión seria para quienes a su vez buscan seguir un sendero espiritual. Todos tenemos que decidir cómo vamos a gastar la cantidad determinada de tiempo y energía que recibimos en esta encarnación y todos seremos responsables de las consecuencias de tales decisiones. Es importante saber cuál es nuestra meta en la vida y, entonces, tomar las decisiones que nos lleven a estar más cerca de esa meta y no más lejos.

Antes de decidir involucrarnos en una relación romántica, hay algunas cosas importantes en las que pensar. ¿Tiene esta relación una meta más elevada? ¿Respalda mi sendero espiritual?

Si no estás preparado aún para un compromiso con la otra persona, ¿es justo buscar la intimidad? Aunque creas que podrás abandonar la relación, ¿qué pasará si la otra persona no puede abandonar con la misma facilidad los sentimientos que se despertaron? ¿Es justo que comencemos algo sabiendo que querremos marcharnos, dejando a la otra persona en mal lugar?

¿Cuánto te entregarás a la otra persona antes de que haya un compromiso? ¿Cuánto dejarás que la otra persona entre en tu vida emocional y físicamente?

Decide qué límites establecerás y piensa en tus actividades para que no se salgan de esos límites. Si ves que las cosas se intensifican y van más deprisa, pero tú no estás preparado para ello, da un paso atrás y vuelve a establecer límites. Quizá tengáis que pasar menos tiempo juntos o hacerlo dentro de un grupo y no a solas.

Busca señales que indiquen que hay problemas. ¿Estás empezando a obsesionarte con la relación o piensas en la otra persona todo el tiempo? ¿La relación interfiere con metas importantes de tu vida o tu misión espiritual? ¿Hace que te aísles de otras relaciones importantes en tu vida?

Si ves esas indicaciones o hay otras cosas que te preocupan, da un paso atrás y concéntrate en el trabajo espiritual. Recuerda que la intensidad emocional no es una señal real de que esa persona sea la adecuada para ti. La guía verdadera es un saber silencioso e interior, y la intensidad de las emociones puede hacer que sea más difícil sintonizarse con esa voz.

Pon conscientemente en la llama violeta toda la energía

emocional que rodee la relación y la relación misma. Pide tener una visión clara sobre el camino de ahí en adelante. Si tienes dudas sobre la relación, puedes hablar de ellas con un mentor más mayor o con un consejero en quien confíes, en vez de con la otra persona de tu relación. Un mentor te puede retroalimentar y darte una perspectiva independiente, aparte de las fuertes emociones que dificultan el pensar con claridad.

Si en tu intento de crear la relación ves que la otra persona no es la que te conviene, es mejor terminar la relación antes y no después. No dejes que la otra persona piense que hay algo donde no lo hay. Eso no es bueno para ninguno de los dos.

Cómo poner límites

a intimidad física y emocional son dos cosas conectadas muy de cerca; y si buscas una relación romántica, es importante que los dos penséis qué grado de intimidad queréis tener para sentiros cómodos. A medida que el amor aumente y la intimidad emocional también lo haga naturalmente, cobrará mayor importancia que tengamos una idea clara sobre cuáles son los límites físicos. ¿Cuánto nos podemos acercar antes de que la energía empiece a acumularse en los chakras inferiores, hasta el punto en que se vuelve incómodo para uno o para los dos?

Es un hecho de la naturaleza humana que el contacto físico puede dar comienzo a un flujo de energía en espiral que, finalmente, se dirigirá hacia la satisfacción sexual. Una vez que la espiral comience, será difícil cambiar el flujo de la energía. Por tanto, si has decidido no tener relaciones sexuales antes del matrimonio, debes establecer en qué punto empieza la relación sexual. Y debes decidirlo antes de tiempo, porque la situación puede descontrolarse rápidamente.

Si los límites que pones no son válidos, puede que las energías de tus chakras comiencen a bajar y no vuelvan a subir, precisamente porque no se produce el contacto sexual. Entonces las energías se quedan atrapadas en los chakras inferiores.

Con el tiempo, a menos que la energía suba, se produce una acumulación que necesita que volvamos a ver a la otra persona, buscando una realización. Al principio, puede que nos guste darnos la mano. Luego eso no basta, y la relación avanza hacia los besos y un mayor contacto físico. Después el lado físico de la relación pasa a otro nivel.

Incluso es más probable que esto ocurra si has tenido actividad sexual en el pasado, puesto que tus energías están acostumbradas a discurrir por esos canales. A menos que hayas desarrollado un dominio sobre ti mismo, hace falta un estímulo más bien pequeño para que sientas la necesidad de la relación sexual completa para volver a encontrar paz o liberación. Tu cuerpo está acostumbrado a responder así.

Por tanto, puedes decidir disminuir el contacto físico y poner énfasis en otros aspectos de la relación mientras os estéis conociendo o durante el noviazgo. Pon el énfasis en actividades al aire libre u otras actividades físicas, ver a otra gente, conversaciones, platicar, rezar y servir juntos.

Para las mujeres también es importante considerar cómo vestir. La mayoría no tiene idea de la importancia que tiene la parte visual para generar energía sexual en los hombres, y la ropa que la mujer ve como atractiva puede sin querer ser la causa de un problema.

No te creas todas las tendencias de la moda moderna, que tienen como criterio de lo que gusta lo que es sexualmente seductor. Un buen punto de partida puede ser el hacer la siguiente pregunta: «¿Qué pensaría mi padre si me vistiera así para esta cita?». También podrías pedirle a tu novio que te dé su honesta opinión, y tú debes estar dispuesta a escuchar si él sugiere que tu ropa favorita podría cambiarse por otra que fuera menos reveladora. Sed amables mutuamente y no seáis causa de tentación para la otra persona.

He aquí la historia de dos parejas y cómo afrontaron esta fase de su relación.

Sally y Jason habían superado ambos los cuarenta y llevaban

juntos un año más o menos. Ninguno de los dos se había casado antes, pero Sally había tenido relaciones sexuales hacía algunos años. Ahora había decidido seguir célibe hasta encontrar a la persona adecuada, y creía que Jason era esa persona. Él no había tenido relaciones sexuales anteriormente y sentía cierta timidez.

Jason quería estar con Sally, pero esta quería seguir fiel a su compromiso y no se involucró físicamente con él. Sin embargo, a ella le resultaba cada vez más difícil manejar las energías que surgían cuando estaban juntos.

Jason rehusaba el compromiso del matrimonio, pues nunca había estado casado y había visto los estragos que había causado el matrimonio y divorcio de sus padres. Amaba a Sally y no podía imaginarse una vida si ella, pero estaba nervioso.

Sally decidió darle a Jason un plazo. Le dijo que en dos meses tenía que saber si se casaba con ella o lo dejaba. Mientras tanto, vigilaron el tiempo que pasaban juntos. Hicieron actividades al aire libre que permitían que las energías no se estancaran en los chakras inferiores ya que hacían ejercicio. No más noches acurrucados ante la chimenea. Un besito rápido de buenas noches bastaba.

Sally se dijo a sí misma: «Ahora mismo, esta es la única manera. Ya no puedo más. Amo a Jason, pero tiene que decidirse, y pronto». De lo contrario, Sally seguiría por su camino.

Jason le pidió a Sally que se casara con él. Ahora tienen una vida juntos y son felices, y han descubierto que son muy compatibles, en lo emocional, en lo sexual y en todos los sentidos.

Cuando Gena y Andrés se conocieron tenían poco más de veinte años. Los dos sabían que su relación iba en serio. Los dos habían tenido relaciones sexuales durante unos años anteriormente, pero ahora querían que su amor fuera puro y perfecto hasta casarse. Juntos decidieron tener unas directrices estrictas de comportamiento, y se vigilaban mutuamente. Nada de besos largos. Se podían dar la mano a veces. Decidieron tener un noviazgo breve antes de casarse.

Gena dice que eso les funcionó muy bien. Fueron muy felices el día de su boda y tienen un amor profundo y duradero.

Las parejas pueden abrazarse y amarse de una forma que contribuya a expresar su amor, pero sin que llegue a un nivel en el que el abrazo genere un impulso de energía sexual que se vuelva incómodo para cualquiera de los dos. Con frecuencia la prolongación del contacto físico es lo que produce problemas de demasiado estímulo. Depende de la pareja el poner la raya donde saben que corresponde.

En mayor o menor grado, todos sentimos las energías del mundo atrayéndonos de vez en cuando. El descenso de las energías en el cuerpo, a menudo a través del mesmerismo de la fantasía sexual, desvía la mente del «ahora». Nos impide concentrarnos en las cosas que podríamos hacer para mejorar nuestra situación en la vida, ya sea mediante la educación, el trabajo o el servicio.

Tan pronto como sintamos el jalón, a nosotros toca poner una frontera, dar marcha atrás a la energía y elevarla a los chakras superiores. Cuando puedas hacerlo, tendrás un mayor sentido de libertad y una capacidad de tomar decisiones iluminadas.

Compromiso matrimonial

Cuando están comprometidas a casarse, muchas parejas organizan citas de mucha diversión o muy románticas. Esto está muy bien de vez en cuando, pero también es importante hacer cosas normales juntos. Observa cómo cada uno de vosotros os comportáis bajo las tensiones de la vida diaria. Veos mutuamente en toda clase de circunstancias para que no haya sorpresas ni sobresaltos si decidís casaros.

También es hora de pensar en conocer las familias, si es que eso aún no se ha dado. En el caso de adolescentes, los padres deberían estar al corriente de las relaciones e involucrados desde un principio. Pero para los adultos, que una posible pareja se mezcle demasiado con la familia al principio puede ser una espada de doble filo. Esa persona ahora tiene un sitio a la mesa con la familia, se hace más difícil terminar la relación, aunque se descubra claramente que no tiene futuro.

También puede pasar que los miembros de la familia pongan presión y se haga más difícil sintonizarse con la voz interior: «Es muy buen chico. ¿Cuándo os vais a casar?».

Por otro lado, los padres a menudo pueden aportar perspectiva y sensatez a raíz de la experiencia que tienen de muchos años. Puede ser de mucha ayuda hablar con ellos para aclarar los propios pensamientos sobre la relación. Un ministro religioso o un mentor puede jugar un papel similar.

Cuando estamos comprometidos o nos tomamos en serio

una relación, hay que ser conscientes de una cosa, que es el concepto falso de que una pareja necesita tener relaciones sexuales antes de casarse para ver si encaja sexualmente. Esta idea está basada en un concepto limitado y poco realista sobre el sexo como una experiencia física.

El pensamiento popular nos dice que no nos hace falta estar enamorados para disfrutar del sexo en gran manera. Cuando se piensa en el sexo, el enfoque a menudo es la sensación física. Hay cientos de libros, DVD y cursos con técnicas para disfrutar de un «sexo magnífico», pero a nivel del alma eso no satisface la profunda necesidad que tenemos de ser amados. Cuando los chakras están purificados y el cinturón electrónico está limpio, el flujo natural de las energías entre el hombre y la mujer es simplemente eso, natural.

Si realmente os amáis y la persona es la adecuada, generalmente todo lo demás a otros niveles también funcionará. Los cuatro cuerpos inferiores se unirán adecuadamente y la relación sexual estará bien.

Las parejas que deciden esperar hasta casarse para tener intimidad física muchas veces dicen que se alegran de esa decisión. Piensan que valió la pena esperar y que eso los ayudó a que el matrimonio tuviera una mayor pureza y luz. Sabían que su amor y su intimidad era algo más profundo que la simple experiencia sexual. También sabían que poseían cierto dominio de sus energías, algo que les ayudaría si tuvieran que estar separados a veces, durante el matrimonio.

La psicóloga Sue Patton Thoele lo expresa bien: «No te cases a menos que estés enamorado (o enamorada) con pasión, pero espera a después de casarte para expresarlo»[10]. Las parejas que deseen guardar el fruto de su amor para el matrimonio acordarán controlar sus energías, evitando situaciones que provoquen tentaciones mayores de lo que sepan manejar.

El período del compromiso matrimonial también es para hacer un trabajo espiritual como preparación para el matrimonio. Es una oportunidad para que la pareja se esfuerce en transmutar los registros de karma que hay entre ellos mediante el uso de la llama violeta. Esto prepara las cosas para el mejor comienzo posible del matrimonio.

Para la mayoría de las personas este karma incluye un residuo de sustancia negativa en los chakras inferiores, ya sea de esta vida o como registros e impulsos acumulados de vidas anteriores. Al casarse, pueden transmutarlo con la llama violeta. Si puede eliminarse antes del matrimonio, mucho mejor. Así, el matrimonio comenzará en un plano más alto, libre de anteriores impulsos negativos y modelos de otras relaciones.

Aún más importante, cuando estás conociendo a alguien o te has comprometido, antes de comprometerte aún más debes saber que el paso que vas a dar está bien, que la persona es la ideal y que lo vas a hacer en el momento adecuado. Cuanto más se pueda aclarar eso espiritualmente, más fácil será saberlo.

Expectativas en el matrimonio

Cada matrimonio es un contrato de amor. Hacemos los votos ante el altar, un compromiso formal mutuo y con Dios, pero nuestro acuerdo también se extiende a muchos otros niveles, y cada uno de nosotros tiene necesidades y expectativas que esperamos se satisfagan en el matrimonio.

A veces la gente se casa con ideas preconcebidas sobre cómo debe ser, pero no ha hablado con su futuro cónyuge sobre esas expectativas. Es mucho mejor hablar de esas cosas antes de casarse. Hablar con amor sobre los deseos que se tienen y qué es importante para cada cual establece una base para la comunicación abierta a lo largo de la vida matrimonial.

Sentaos juntos y conversad. ¿Qué esperáis que os dé el matrimonio? ¿Qué necesidades, esperanzas, sueños, aspiraciones espirituales tenéis? ¿Qué queréis y esperáis de la otra persona?

Sirve recordar que las necesidades de los hombres y las mujeres con frecuencia son distintas. La mujer necesita un hombre que sea capaz de escucharla, pasar tiempo con ella, mostrarle amor y aprecio con palabras cariñosas y un contacto suave que no siempre es sexual. ¿Se da cuenta él de que cuando ella hace cosas para él le está demostrando que lo ama?

De igual modo, el hombre necesita que la mujer sea capaz de amarlo, respetarlo y cuidar de él, y de hacer que el hogar que tienen sea un refugio para él. ¿Se da cuenta ella de que él expresa de manera natural la profundidad de su amor en una relación sexual y que con frecuencia él se desarrolla y progresa gracias a su profesión y su trabajo?

Hablad y poneos de acuerdo sobre los asuntos importantes antes de hacer los votos matrimoniales. ¿Qué expectativas tenéis sobre privacidad e independencia? ¿Qué expectativas tenéis sobre grados de actividad sexual? ¿Qué valores tenéis en lo que respecta al dinero, las deudas, los gastos y ahorros? ¿Dónde os gustaría vivir? ¿Qué pensáis sobre el tema de los hijos y su crianza?

Otra cosa que se debe considerar es si esta persona es parte del mismo grupo al que pertenece tu alma, el mandala de gente con quien estás destinado a estar. También hay almas jóvenes y hay almas más antiguas. Las jóvenes no tienen tanta historia ni la experiencia que una antigua sí tiene. Por tanto, si eres un alma antigua y empiezas una relación con una más joven, es posible que sientas esa falta de profundidad y conexión interior. Puede que sientas que falta algo en la relación.

La otra alma no tiene por qué tener nada mal, sino que es más joven y, por tanto, es incapaz de tener la misma profundidad en la relación en esta etapa de evolución de su alma. En unas cuantas encarnaciones más desarrollará esa profundidad y riqueza que llega con la experiencia.

En general, las personas son más felices a la larga si están con un alma del mismo grupo y de una evolución similar. Esto es otro aspecto de no unirse «en yugo desigual».

Pregúntate si hay algo que no puedes soportar de la otra persona. Si la respuesta es que sí, hay que reflexionar y rezar. A veces la gente se casa con la idea de que podrá hacer que la otra persona cambie después de casarse, pero normalmente eso no funciona, y tampoco es justo. No puedes cambiar las reglas después de casarte.

Si crees que la relación es la ideal para ti, pero la otra persona tiene algo que parece que no podrás soportar, hay dos opciones.

La primera es observarte a ti mismo. ¿Eso es algo que realmente no podrás soportar? ¿Puedes cambiar o aprender a aceptarlo o podrás tolerarlo dado que un amor más grande os vincula?

Es importante que seamos realistas. No esperes que el amor haga que las cosas funcionen de algún modo. El amor podría hacer que las cosas funcionen. Pero es mejor que tú las hagas funcionar antes del matrimonio para saber con certeza que lo harás después.

La segunda opción es intentar cambiar a la otra persona. Por supuesto, eso no es posible a no ser que la otra persona quiera cambiar. Y si eliges esta opción, la manera justa de hacerlo es posponer la boda e intentar cambiar a la persona ¡antes del matrimonio!

Sea cual sea la opción que elijas, la llama violeta puede ayudar. A veces las cosas que creemos que no podemos soportar de otra persona son en realidad modelos kármicos o rasgos de la personalidad que despiertan los nuestros propios. Nos irritamos cuando vemos algo en alguien que no nos gusta en nosotros mismos. Tocamos los puntos débiles del otro porque nosotros mismos tenemos puntos débiles, temas sin resolver en el subconsciente.

La llama violeta puede suavizar las asperezas de la personalidad y el karma que nos molesta. Después de tres a seis meses de llama violeta, puede que descubras qué cosas que pensabas que no podías soportar ya no suponen un problema. Quizá la llama violeta cambiara a la otra persona. Quizá cambiara tu reacción. Quizá os cambiara a los dos.

También es posible que después de usar la llama violeta encuentres una confirmación de que no puedes soportar eso que tiene la otra persona y la relación, por tanto, no es la adecuada para ti. Esto puede ser un resultado muy bueno.

Recuerda el consejo de san Pablo: «No os unáis en yugo desigual... ¿Qué comunión [tiene] la luz con las tinieblas?»[11].

La marca del amor verdadero es la libertad, no la supresión de nuestro verdadero yo ni el de otra persona.

Casarse o no casarse

Casarse o no casarse es una decisión privada y personal. Aunque Dios pueda bendecir un matrimonio, la relación debe ser santificada por las personas interesadas. Por tanto, a la pareja le toca decidir.

Si quieres que el matrimonio funcione, debes buscar una confirmación desde el interior. Ten presente que tendréis que cargar con el karma de la otra persona, y solo cuando se está muy enamorado puede uno hacerlo.

Si estás en un sendero espiritual y consideras el matrimonio como parte de ese sendero, harías bien en hacer dos preguntas cuando estés decidiendo si debes casarte o no.

La primera es esta:

¿Has considerado si tu servicio individual se verá beneficiado, enriquecido y será mayor con la unión matrimonial que separados?

Cuando tu matrimonio forma parte de tu viaje espiritual, uno más uno no es igual a dos. Uno más uno es igual a tres, porque estáis tu esposo o esposa y tú, y el Espíritu Santo entre vosotros. Cuando el Espíritu Santo está sobre el altar del matrimonio (ya sea en la iglesia, en la casa o en el dormitorio) es que este es válido ante los ojos de Dios, pues todas las fases del matrimonio deben ser sagradas.

Cuando existe una relación así en el matrimonio, cada

cónyuge aporta puntos fuertes a la relación y los dos llegáis a complementaros. Cosas más grandes se hacen posibles porque os apoyáis mutuamente y el Espíritu Santo aparece para apoyaros a los dos.

Traer hijos al mundo es un don que os podéis conceder mutuamente y conceder al mundo cuando estáis juntos, pero es solo una de las bendiciones que el Espíritu Santo puede otorgar a través de un matrimonio consagrado a un servicio superior.

La segunda pregunta es esta:

¿Estás profundamente enamorado o enamorada? ¿Tienes realmente ese fuego que arde en el corazón, ese fuego que conmemora tu amor por Dios?[12]

Si no tienes ese amor, el matrimonio no soportará las arremetidas del mundo. Nunca será el fuego arremolinador que puede vencer cualquier adversidad.

Un matrimonio con éxito en el sendero espiritual tiene esos requisitos: un mayor servicio a Dios, mayor que el que puedes dar a solas, y un amor intenso y fogoso.

La gente a veces quiere casarse porque piensa que es lo que hay que hacer y quiere tener hijos, pero en realidad no ha sentido el amor más grande ni tiene idea de cómo pueden, juntos, hacer que, con servicio, ese uno más uno sea igual a tres. A veces esos matrimonios duran, puesto que el karma y las circunstancias proporcionan el ímpetu para crecer a cada alma y estas descubren un amor más grande y profundo que nace en el crisol de la experiencia. Pero sin un compromiso mayor, mucha gente entra en el matrimonio sin estar preparada para las dificultades que afronta hoy.

El verdadero ideal del matrimonio no es una expectativa, sino un dar. Un matrimonio con éxito es un dar constantemente. El matrimonio empieza e inmediatamente se dice: ¿Qué puedo dar? ¿Qué puedo hacer por mi esposo o esposa? ¿Qué puedo hacer por mis hijos?».

En el centro de todas nuestras relaciones debería haber un enfoque en dar en vez de recibir, incluso en nuestra relación con Dios. Acudimos a Dios para amarlo. El amor que nos regresa debería ser algo secundario, de otro modo nuestra relación con Dios puede convertirse en algo egoísta. A veces la gente medita en Dios simplemente para poder sentir la dicha de su luz que desciende. Eso no es el verdadero fin de la meditación. La meta más alta en la meditación es dar amor a Dios. El propósito del matrimonio debería ser el mismo.

El matrimonio no debería dominar el sendero espiritual. Debería ser un instrumento del sendero de iniciación sagrado y altamente sintonizado y disciplinado. No hay que entrar en él a la ligera, porque es una iniciación más intensa que el sendero individual. Es así porque todo viene en pares: dos grupos de chakras, dos cuerpos causales, dos cinturones electrónicos. Y si no existe una verdadera armonía y unidad de propósito, en vez de hacer polaridad, donde uno más uno es igual a tres, los dos se convierten en una oposición, donde uno menos uno es igual a cero.

En última instancia, debemos trascender el sentimiento de dualidad en el matrimonio. En vez de pensar en nosotros como en dos personas aparte, podemos hacerlo como si fuéramos una sola, porque el Dios Padre-Madre es uno solo. Todos nuestros problemas surgen cuando somos dos personas con dos grupos de intereses egoístas. Eso no significa que no podamos tener intereses, profesiones o amistades aparte. No significa que vayamos a perder nuestra individualidad, sino que examinamos las cosas a través del filtro de «nosotros» y «nuestro» en vez de «yo» y «mío».

No debemos entrar en el matrimonio pensando en él como

una relación de hermanos o el sustituto de una relación familiar que no tuvimos en nuestra niñez. Antes, el matrimonio está basado en una profunda unidad por estar enamorados.

Una mujer que iba a casarse, una vez le dijo a su instructor espiritual: «Creo que tenemos cosas que hacer juntos». El instructor dijo: «Está bien, pero la razón por la que una se casa es porque está locamente enamorada».

Las dos cosas son ingredientes clave para un matrimonio con éxito en el sendero espiritual.

6
El matrimonio y el sendero espiritual

No hay ninguna relación en este mundo que se pueda mantener solo con un amor romántico y su unión. Las relaciones se mantienen con trabajo duro y esfuerzo, dando de uno mismo sin esperar nada a cambio. No esperéis nada y nunca os sentiréis decepcionados. Dad y descubrid qué pronto recibiréis a cambio amor como regalo.

CHAMUEL Y CARIDAD
ARCÁNGELES DEL AMOR

El matrimonio como iniciación en el sendero

Aunque las costumbres del matrimonio han cambiado de mucha formas, la institución ha perdurado a lo largo de la historia de la humanidad. El matrimonio refleja una realidad espiritual de la que todo el mundo es consciente en su interior: la eterna unión con la propia llama gemela.

A pesar de lo que la cultura popular pueda reflejar, ninguna relación que tenga un valor duradero puede desarrollarse primordialmente sobre una base de experiencias sexuales o el placer físico. El matrimonio en el sendero espiritual está destinado a ser mucho más que eso. Es la experiencia de una unión de dos almas, y esa unión puede producirse en el nivel de cualquiera de los chakras. La dicha de esa unión divina puede ser algo totalmente distinto a lo que el mundo pueda contemplar en el matrimonio.

Debemos tener cuidado con aceptar los conceptos del mundo sobre el matrimonio y la realización que deberíamos encontrar en él, porque ello solo puede conducir a la decepción. No podemos esperar que una simple relación física pueda satisfacer la necesidad que tiene el alma de elevarse a niveles de conciencia cada vez más altos.

Elizabeth Clare Prophet da una perspectiva única sobre las oportunidades que ofrece el matrimonio para el crecimiento espiritual:

No debemos seguir el concepto que tiene el mundo sobre el matrimonio y exigirle tanto, esperando que sea la respuesta a todos nuestros problemas. A veces la gente tiene expectativas poco realistas de que, en el matrimonio, de algún modo, todo el dolor, la tristeza, los problemas de la vida, serán eliminados y todos nuestros anhelos, incluyendo fantasías y motivos subconscientes, se realizarán y todos nuestros sueños se harán realidad.

Esta es una de las ilusiones que la sociedad nos pinta, animándonos con ello a poner exigencias y tensiones en nuestro matrimonio y nuestra pareja. La esposa espera que el esposo satisfaga muchísimas cosas. El esposo espera que la esposa satisfaga muchísimas cosas. Y ni los propios dioses podrían satisfacer todas las expectativas e ideas preconcebidas que tenemos sobre la dicha suprema del estado del matrimonio. Los matrimonios se tensan hasta el punto de la ruptura, porque los cónyuges exigen aquello que el matrimonio no está destinado a dar.

Debemos definir de alguna forma el matrimonio, qué es capaz de darnos y qué somos capaces de dar nosotros al matrimonio. Debemos tener una idea sana, práctica y realista de lo que debe tener lugar en el matrimonio y luego podremos decidir si queremos luchar por un matrimonio que es simplemente una costumbre humana de esposo y esposa o un matrimonio que tiene la meta de que se unan el alma y el espíritu.

Los dos son matrimonios válidos en la tierra, pero la sociedad nos enseña solo uno. Nos enseña el matrimonio de una pareja, entre esposo y esposa. Pero el mundo dice muy poco sobre el matrimonio como iniciación en el sendero de la vida, que es el medio para vivir el matrimonio espiritual que puede existir entre el alma y Dios mediante una relación muy real, tangible y satisfactoria.

La única forma en que el matrimonio puede funcionar en el sendero espiritual es que tanto esposo como esposa entiendan que este debe contener la totalidad de Dios, la totalidad de las relaciones humanas, así como las divinas.

Los roles en el matrimonio no deben ser rígidos. La esposa tiene el rol de esposa, pero también puede cumplir cualquier otro aspecto de la naturaleza femenina de Dios, en determinados momentos. A veces puede ser madre, hija o hermana. Puede ser hija o una madura matriarca, la patrocinadora de la vida. Al mismo tiempo, el esposo no debería pensar que debe siempre jugar el papel de esposo. Dios no lo hace. Dios se nos aparece como Padre, como Hijo, como Espíritu Santo, como hermano, vecino, amigo, como pareja en el camino.

Todas esas relaciones, incluyendo la de monje o monja, sacerdote o sacerdotisa, pueden cumplirse en el matrimonio, y esas relaciones cambian de un momento a otro. Si siempre exigimos que nuestro cónyuge sea un paradigma del concepto que tengamos de esposo o esposa, nos vamos a quedar decepcionados, porque nadie juega un solo rol ni es una sola persona.

El matrimonio es el movimiento de las lenguas de fuego hendidas. Y cuando observamos el fuego físico, nos damos cuenta de que nunca podremos capturar la llama y decir: «Esta es la forma que tiene la llama». La llama nunca tiene una forma fija, siempre se mueve. Lo mismo ocurre con las llamas gemelas del Espíritu Santo, que el matrimonio conmemora. En el matrimonio, estas llamas están constantemente saltando, moviéndose y asumiendo diferentes características de Dios.

Si la pareja de esposos son dos llamas, estas deben mezclarse en armonía; y cuando uno asuma una forma, la otra se moldea alrededor de esa forma. Es la creatividad del día a día y el flujo del amor que debe existir entre esposo y esposa y entre el alma y la Presencia YO SOY. Pero si intentamos que nuestra relación encaje en el rígido molde de lo que actualmente vemos en la civilización y lo que la sociedad nos dice que debemos ser en el matrimonio, nos perderemos la riqueza y profundidad que Dios quiere que vivamos.[1]

Contemplamos la vida a sabiendas de que con quien estamos tratando es con Dios. Esa persona es Dios... en manifestación. La llama divina es Dios. El potencial es Dios. Y debemos amar a esa persona con todo nuestro corazón, con el amor más puro y más elevado que sentiríamos por Dios y por nuestra llama gemela. Ese amor es liberador. Es una fuerza transmutadora.

Necesitamos perdón en las relaciones. Necesitamos perdonar libremente a los demás y a nosotros mismos, porque en eso consiste el karma. Todos tenemos mucho que perdonar y mucho por lo que ser perdonados o de lo contrario no estaríamos en este planeta, en este punto del tiempo y el espacio.

Por tanto, no importa si estás casado con tu llama gemela o si la has llegado a conocer. Lo que importa es que interiorices el carácter sagrado del matrimonio y de la relación entre un hombre y una mujer, y que esa polaridad siempre representa a «Alfa y Omega», los Cocreadores de la vida, Masculino-Femenino, en el cuerpo de fuego blanco de la Divinidad, que los chinos han plasmado en el taichí.[2]

Los antiguos profetas hablaron de sus experiencias en siete cielos, niveles de la octava etérica a donde viajaron habiendo salido del cuerpo. Al trabajar para espiritualizar nuestra conciencia, también podemos tener esas experiencias cuando nuestra alma abandone el cuerpo cada noche, al dormir, y viajemos a los retiros etéricos de los maestros ascendidos. Las parejas pueden viajar a los retiros y allá vivir experiencias verdaderamente trascendentales, regresando para comenzar el nuevo día con una percepción común de la conciencia cósmica que trasciende con mucho la comprensión que el mundo tiene de las relaciones.

El trabajo de resolver karma

La perspectiva de que las relaciones y el matrimonio implican metas más altas proporciona una visión nueva sobre las alegrías y la dicha que el matrimonio puede llegar a ser. Pero a la vez existe también la necesidad de trabajar para resolver el karma.

La mayoría de la gente no sabe dónde se mete al casarse. No comprende que ha hecho el voto de compartir karma. Quiere las alegrías del matrimonio, pero no sus responsabilidades. Pero entonces se despierta una mañana y descubre que la luna de miel se ha acabado.

En las primeras etapas de una relación, tendemos a ver todo lo que es bueno, hermoso y maravilloso de la otra persona: la luz del cuerpo causal. Todo eso se comparte en el matrimonio. Pero una vez que se han hecho los votos, la carga del cinturón electrónico también se comparte. El amor y la luz del cuerpo causal debe ser lo que permita que la pareja supere sus impulsos acumulados y salde el karma.

El matrimonio está calculado para que surja lo mejor y lo peor de las dos personas, y surgirá con certeza. Lo peor sale a la superficie para que se afronte y se supere. Y, a veces, lo mejor que yace latente en nosotros solo emerge cuando tenemos que afrontar dificultades en la vida.

Junto con el trabajo espiritual, una clave práctica para saldar los problemas kármicos en el matrimonio es el hecho de ser capaz de hablar de los problemas cuando surgen. Cuando tu pareja hace algo que te irrita o te sienta mal, eso es señal de que hay karma emergiendo.

Te preguntarás: «¿Pero es que no entiende cómo me siento?». Es muy posible que no, a menos que tú digas algo. A veces tenemos la tendencia a pensar, incluso subconscientemente: «Si me amara de verdad, sabría lo que quiero sin que se lo tenga que decir». Pero en realidad no es justo esperar que tu esposo o esposa sepa leer tus pensamientos.

El matrimonio no es fácil. El matrimonio es trabajo. Y nuestro trabajo más importante es el trabajo de Dios, que podemos realizar mediante el matrimonio. Jesús dijo: «Mi Padre hasta ahora trabaja, y yo trabajo»[3], y eso es lo que estamos llamados a hacer. Cuando cada persona en un matrimonio está dedicada al trabajo de Dios, el matrimonio funciona porque es altruista. Os dais la mano para hacer un trabajo para Dios y ese trabajo es lo que importa.

A veces el trabajo es algo muy práctico, como criar a los hijos. Otras, es un servicio conjunto en una esfera más amplia, tu comunidad, tu país o el mundo. Sea cual sea tu llamamiento a servir, cuando existe la visión de una meta superior, las mezquindades de las pequeñas discusiones y desacuerdos se las lleva el viento. Hay un trabajo que hacer.

Como lo expresó una pareja felizmente casada: «Cuando miramos nuestro matrimonio como el trabajo del Señor y recordamos cuánto nos amamos, todo sale bien».

Dios va primero

El matrimonio es un medio para aprender acerca de uno mismo y para aprender el uno del otro. El esposo es el instructor de la esposa y la esposa, del esposo. En la relación de las llamas gemelas, el Santo Ser Crístico de tu llama gemela siempre es tu instructor.

Mediante el matrimonio, al asimilar cada cual las cualidades positivas del otro, los dos pueden llegar a ser un todo andrógino. Como individuos aparte, cada uno de ellos contiene la totalidad del otro y es esa totalidad completa. Cuando lo logran, aunque haya separaciones repentinas o una separación por fallecimiento, cada cual permanece como la Totalidad Divina. De tal manera, el amor puede triunfar sobre la muerte.

La perversión de este amor es la posesividad y la dependencia. Esta es una razón para el fracaso del matrimonio. Si dependes totalmente de tu pareja para poder sentirte en plenitud y para alcanzar la realización de Dios en ti, entonces la relación se puede convertir en un impedimento para el progreso espiritual, en vez de una ayuda. En tal caso, Dios te separará de esa pareja, aunque sea por un tiempo.

Yo tuve esa experiencia al principio de mi matrimonio. Un día la Sra. Prophet me dijo: «¿Estás más apegada a tu esposo que a Dios? Porque, si lo estás, Dios lo apartará de ti». Yo en seguida dije: «Oh, no, no, no». Pero por dentro, sabía que era cierto.

No mucho después, me encontré a mí misma realizando

varios viajes por tierra, de seis semanas de duración cada uno. Había esperado tanto tiempo para encontrar a Peter y no podía soportar la idea de estar separada de él. Por eso fue una prueba muy difícil el estar separada de tal forma. Cuando estábamos separados, hablábamos cuando podía encontrar un teléfono público (en aquella época no había teléfonos portátiles), pero aun así contaba los días para regresar.

Recordé lo que la Sra. Prophet dijo. Su mensaje, que indicaba qué prioridades debía tener, lo tenía grabado a fuego. Aprendí que, aunque estábamos separados por un tiempo, volveríamos a estar juntos. Llegué a encontrar paz durante la separación. Y he aprendido que puedo estar sola y no pasa nada, porque nunca estoy separada de Dios.

El matrimonio superior es aquel en el que el esposo y la esposa reconocen y veneran lo divino el uno en el otro. La esposa se inclina ante la luz del Cristo dentro de su esposo y él venera la Madre Divina en su esposa. Eso no quiere decir que la esposa se incline ante la creación humana de él o que él venere la creación humana de ella.

En todo matrimonio, esposo y esposa deben poner a Dios primero y no a su pareja. Al fin y al cabo, Dios es quien nos reunió y juntos lo glorificamos. Por tanto, no importa qué pruebas puedan llegarnos a cualquiera de los dos, no podemos permitir que nuestro cónyuge nos separe de nuestra relación con Dios.

En el sendero de la vida siempre hay momentos en que el esposo o la esposa han de pasar por una prueba espiritual. La naturaleza de esas pruebas hace que la puerta sea estrecha y solo pueda pasar uno por vez. Entonces el esposo o la esposa deben ser liberados para que puedan pasar por la puerta de la iniciación solos.

Durante esa iniciación, tu amor por Dios y por el alma ha de ser tan grande que no quieras hacer que tu pareja pierda la oportunidad de pasar por la prueba, aunque sea difícil ver que tiene que pasar por una gran tribulación. Tampoco debes intentar retener a tu pareja para seguir manteniendo un estado confortable en la relación desde el punto de vista humano, en una situación en la que la persona está buscando cambiar y elevarse en conciencia. En momentos así hay que rezar, ofrecer apoyo y amor a tu esposo o esposa, pero permitiéndole tener ese espacio que necesita para pasar por las pruebas de la vida.

A veces la persona no atraviesa la entrada y falla la prueba, lo cual puede asumir muchas formas. Lo más devastador son las pruebas falladas relacionadas con las drogas y el alcoholismo, la repetida infidelidad o las muchas formas de abusos que son sencillamente intolerables para el Dios de tu interior. Esta es una de las experiencias más dolorosas en la vida.

Podrías llegar al punto en que tu mayor amor por Dios te haga decir: «Si es necesario, me quedaré solo (o sola). No seguiré a mi esposo (o esposa) hacia un sendero de autodestrucción, porque por ese camino no hay esperanza de que ninguno de los dos volvamos. Guardaré la llama y esperaré el día en que mi esposo (o esposa) vuelva a desear caminar por el sendero de la luz».

Esto es la prueba más grande de todas en un matrimonio, cuando hay que decidir que ninguna relación exterior puede interponerse entre nosotros y nuestra relación con Dios. Esto hace que pueda ser necesario tener períodos de separación; o incluso el divorcio. Pero si no permanecemos firmes en esta prueba, daremos nuestra luz para que refuerce la decisión de tomar un sendero de autodestrucción.

Si creemos que nuestra relación con Dios está amenazada y puede ser destruida por la discordia, debemos tomar la decisión de proteger ese aspecto de la llama que nos toca guardar. Es importante dar amor y apoyo como medio de resolver los problemas dentro de un matrimonio, pero si tenemos que dar ese amor y apoyo una y otra vez hasta el punto de poner en peligro nuestra propia razón de ser, nuestro propósito en la vida y perder nuestra propia sangre en el proceso, podemos llegar al punto de tener que decidir si el matrimonio puede funcionar con armonía o no. Solo tú puedes conocer la respuesta en lo que te concierne a ti y a tu matrimonio.

Un matrimonio depende de lo que cada parte del contrato decida que es capaz de dar. Si se da demasiado, a uno no le queda nada de sí mismo y el asunto se convierte en un falso sacrificio que nos hace perder la maestría sobre nosotros mismos, nuestra integridad y nuestra espiritualidad.

Por otro lado, debemos tener cuidado para no caer en el egoísmo, una actitud santurrona o una sensación de distanciamiento. En sí mismo, eso puede deberse a una falta de logro espiritual, cuando la gente decide que es demasiado buena para otra persona y utiliza eso como justificación para no dar su amor y el don legítimo del yo en apoyo a otra persona.

En todas esas decisiones, la gran necesidad es la del equilibrio, ni demasiado a la izquierda ni demasiado a la derecha, sino siempre centrados en la Vía Media del Buda. Así, el matrimonio puede cumplir su propósito más alto.

Kahlil Gibran habló de esto en su libro *El Profeta*:

Dad vuestro corazón, pero no para que se lo quede
    el otro.
Porque vuestro corazón solo cabe en la mano de la Vida.
Y permaneced juntos, pero no demasiado cerca:
pues las columnas del templo están apartadas unas
    de otras,
y la encina y el ciprés no crecen uno a la sombra
    del otro.[3]

El ritual de los arcángeles

Caridad, el arcángel femenino del rayo del amor, ha dado un ritual y una meditación para cerrar el sagrado círculo del amor dentro de la unión matrimonial:

Oh hijos míos, sea vuestro amor la conmemoración de la fusión de las lenguas hendidas de fuego del Espíritu. Ahora, pues, tomad el ritual que practican los arcángeles al salir y ponerse el sol, cuando los ángeles del amanecer y los del crepúsculo pasan la antorcha del amor. Tomad el ritual de los arcángeles y hacedlo vuestro, y demostrad así la victoria del amor en Terra. Demostrad que vuestro amor es la sagrada habitación del SEÑOR Dios de los ejércitos y que su amor, gracias a vuestra voluntad arraigada en el fuego de la determinación Divina, no será profanado por las hordas de la noche.

Poneos juntos de pie, mirando a la gráfica de la Presencia YO SOY, y sintonizaos interiormente con la estrella de vuestra divinidad. Meditad en vuestro corazón y la llama dentro de él, y contemplad cómo asciende el arco hasta el centro de la Mónada Divina. Luego, tocad con la mano derecha los fuegos del corazón y trazad el círculo de nuestra unidad a vuestro alrededor mientras seguís venerando al Uno. Visualizad este círculo, de cuatro metros de diámetro, como una línea de fuego sagrado. Es vuestro anillo impenetrable. Dentro de ese círculo de unidad está el campo energético de Alfa y Omega; y debéis concentrar el taichí, el más y el menos de las energías cósmicas, donde os encontráis.

No sea el fluir de vuestro amor una imitación de la generación idólatra. No sea la mecanización del sexo, tal como los luciferinos han popularizado sus formas sórdidas y sádicas. El flujo del Espíritu Santo entre el padre y la madre es para que nazca el Divino Varón, primero en cada corazón y después en el bebé de Belén. No busquéis las emociones fuertes de la sensualidad o la excitación de la mente o el cuerpo, mas buscad la dicha de la mutua reunión en la Presencia.

Sea vuestro amor una puesta en escena del matrimonio alquímico. Sea vuestro amor consagrado para la reunión final del alma con la Presencia YO SOY. De tal modo debe ser el matrimonio el ensayo para el gran drama de la asunción de vuestra alma a la llama del amor, para que se enrolle el pergamino de la identidad en el Gran Silencio de vuestro YO SOY EL QUE YO SOY y para que las llamas gemelas de la Deidad se fundan cuando la Presencia YO SOY de cada mitad de la Totalidad Divina se una en el círculo santificado de Dios.

Buscad la dicha de la elevación de la luz de la Madre, «sushumna», «ida» y «pingala», cuando estas formen las energías del caduceo que revelan vuestra verdadera identidad en Cristo. Trascienda vuestra dicha los sentidos terrenales, y fluya vuestra luz desde todos los chakras para reforzar la polaridad divina del Dios Padre-Madre en todos los niveles de conciencia que han de exteriorizarse en los siete chakras principales y los cinco chakras de los rayos secretos.

Vuestro matrimonio está hecho en el cielo y vosotros estáis casados con Dios. Hijas de la llama: he aquí, vuestro Hacedor es vuestro esposo. Por tanto, sed con María, la sierva del Señor. Hijos de la llama: el anillo dorado que lleváis es el halo de la Virgen Cósmica, la novia que desciende del cielo para consumar vuestro amor en la tierra.

Como arriba, así abajo, el flujo cósmico del Dios Padre-Madre debe ser compartido en el santuario de la Sagrada Familia. Y debe ser sellado con la bendición de los verdaderos ministros del Logos y protegido con pureza en el sanctasanctórum. El arca de la alianza también es una matriz para la protección de las llamas gemelas unidas en santo matrimonio para una vida de servicio a Dios y el hombre. Y los querubines protectores han de ser invocados a diario, pues son los protectores del amor en los planos de la Materia.

Comprended, oh sensatos que buscáis la ley del Logos, que si los caídos pueden destruir el amor, pueden destruirlo todo. Porque el amor es el cimiento y la fuente de la vida. El amor es la esencia de la creación.[4]

7
Cuando el matrimonio no funciona

Por tanto, lo que Dios juntó, no lo separe el hombre.

JESÚS

«Lo que Dios juntó...»

Dios os creó a ti y a tu llama gemela en el principio a partir del mismo cuerpo de fuego blanco, y la historia de Eva que encontramos en Génesis de que Eva fue creada a partir de una costilla de Adán es una alegoría que ilustra este místico concepto.[1]

Nadie, ni en el cielo ni en la tierra, puede separarte de tu llama gemela. Por eso Jesús dijo: «Por tanto, lo que Dios juntó, no lo separe el hombre»[2]. Independientemente de cuáles puedan ser las circunstancias en tu vida, nadie te puede separar de tu llama gemela, puesto que siempre sois uno solo en el núcleo de fuego blanco del ser.

Sin embargo, los matrimonios están hechos en la tierra por varias razones, y no son necesariamente como el matrimonio hecho en el cielo. La gente decide por sí misma acudir al altar para recibir una bendición, pero de esa unión no se puede decir: «Lo que Dios unió...».

Por tanto, los matrimonios kármicos pueden ir y venir. Sirven para una finalidad y, siempre y cuando el karma siga existiendo (a menos que haya un medio alternativo para resolverlo), son vinculantes. Si nos encontramos en una relación tal, podemos hacer de ella una celebración en la tierra de la unión con nuestra llama gemela. Esto es lícito.

Lo que no es lícito es tratar una relación así con desánimo o incluso con rencor. Si pensamos: «Este matrimonio es kármico, por eso trataré de poner al mal tiempo buena cara hasta que encuentre a mi llama gemela», con ello solo estaremos demorando la resolución del karma.

Debemos aprovechar al máximo cualquier situación y no rendirnos ante el matrimonio a menos que recibamos una clarísima indicación de que la voluntad de Dios así lo quiere. (Por supuesto, eso no quiere decir que debamos permitir que abusen de nosotros o nos hagan daño ni que se lo hagan a nuestros hijos. En situaciones así, hay que dar los pasos necesarios para proteger la vida de las personas, incluyendo la tuya). Si una relación tiene problemas, puede servir de ayuda que una de las partes o las dos acudan a un psicólogo.

Con todo, hay situaciones en las que el divorcio se hace necesario. Los ángeles y los maestros del cielo no se oponen al divorcio en casos así. Cuando dos personas lo han intentado todo, donde no hay armonía entre ellos y están creando más karma juntas de lo que lo harían si estuvieran separadas, existe una razón lícita para considerar que el divorcio debe tener lugar.

Los amargos datos
sobre el divorcio

Si el matrimonio fuera una simple unión física, el divorcio, cuando ocurre, no sería tan devastador emocionalmente hablando. El divorcio es como una cirugía para separar a dos personas que se han convertido en una sola; y todas las batallas sobre las pertenencias y quién se queda con los hijos, en realidad se centran en el atroz proceso para redefinirse a uno mismo aparte del otro yo.

Si estás enfrentándote a un divorcio y ya has probado el psicólogo y todas las demás alternativas, es importante que acudas al altar para rezar por esa situación. Esfuérzate por tener tanta armonía como puedas. Trata a tu cónyuge como tú quisieras que te trataran a ti. Comunícate demasiado antes que demasiado poco. Hazlo de una forma amable y respetuosa. Aunque creas que la otra persona tiene la culpa, trata de evitar a toda costa culparla o insinuar que la tiene.

En lo espiritual, el elemento más importante consiste en ir avanzando por el proceso del divorcio sin crear más karma, lo cual muchas veces es difícil en medio de la intensidad emocional de una separación. En este punto, si es posible, haz más llama violeta para disolver modelos de apegos emocionales.

Tal como en una relación durante la fase de la luna de miel las personas tienden a ver solo lo bueno de su pareja, en la separación con frecuencia solo se ven las cosas negativas. No te sorprendas si cosas que antes no veías o simples manías curiosas ahora te producen mucha irritación. Date cuenta de que la persona en cuestión probablemente no era tan buena como parecía serlo durante la luna de miel ni tan mala como lo parezca ahora, y usa la llama violeta para suavizar las asperezas que haya en tu relación.

Se han de tomar muchas decisiones que pueden tener un impacto duradero en tu vida, la de tu cónyuge y la de los hijos que tengas. Mantente centrado y sintonizado con tu Yo Superior. Cuando vaya a haber reuniones importantes, haz una oración para que todos los participantes se reúnan en el mundo celestial la noche antes de la reunión para hablar sobre lo que vaya a tener lugar y para lograr la resolución más grande, y pide que esa resolución pase a la percepción consciente de los participantes durante la reunión física.

Cuida bien de ti mismo y de tus hijos. Pídele al ángel de la guarda de cada miembro de la familia, incluyendo a tu pareja, que ayude a todo el mundo durante este difícil período. Es importante encontrar el tiempo para continuar con tus actividades espirituales.

Habla de la situación con un asesor o una buena amistad, lo cual puede servir de muchísima ayuda para resolver los problemas emocionales de una situación difícil. Elige a alguien que sepa escuchar y apoyarte, preferiblemente alguien que pueda permanecer centrado aun cuando se hable de temas difíciles. Si observas que tu amistad se vuelve rencorosa o se enoja con tu pareja o si te anima a que tengas esos sentimientos, es mejor encontrar a otra persona en quien confiar.

Háblale a Dios, habla con tus amistades, habla con tu almohada; sobre todo, mantén la serenidad cuando hables con tu cónyuge y cuando participes en procedimientos legales. A algunas personas les sirve de ayuda invitar a una amistad para que las acompañe y las ayude a permanecer centradas durante las reuniones y los procedimientos legales. Si te encuentras en procedimientos legales, asegúrate de tener un buen abogado. Evita a aquellos que ponen énfasis en el divorcio y en ganar, en que la otra parte pague o en hacer que ejerzas tus derechos. Busca a aquellos que ponen énfasis en mediar y no en el litigio, en una perspectiva de cooperación para llegar a una resolución que satisfaga las necesidades de todas las partes.

Recuerda, la meta nunca debe ser ganar ni hacer que la otra parte pague por lo que necesitamos, no importa lo mal que se haya podido portar. La meta es la mejor crianza para tus hijos y saldar tu karma con el anterior cónyuge. A veces esto último requiere dar más de lo que parece «justo» ante los demás, quienes ven solo la relación tal como era en esta vida. Pero puede valer la pena con mucho pagar un precio para que puedas verte totalmente libre tanto física como espiritualmente. Reza para que puedas tener interiormente una idea de lo que está bien y es justo, tanto material como espiritualmente.

Los procedimientos del divorcio siempre son difíciles emocionalmente hablando, en especial si tú o tu cónyuge os volvéis combativos o conflictivos. Sin embargo, con paciencia y amor, podrás pasar por las circunstancias más difíciles. Pídele a tu ángel de la guarda que te ayude a ser paciente y amable. Refiérete siempre al perdón y ponte la meta de mostrar compasión hacia todas las personas interesadas.

Como ocurre con cualquier cambio, hay muchas posibilidades de que se produzca un crecimiento espiritual en medio del dolor. En cualquier separación hay que pasar por un proceso para ordenar las cosas. Es importante porque ocurre en el nivel mental, emocional y espiritual. Dos vidas, dos auras, se han entrelazado en un matrimonio y el proceso de separación es como ir sacando los hilos de una tela que han tejido juntos. ¿Cómo me siento y qué pienso de las cosas estando aparte de mi pareja? ¿Qué me gusta hacer? ¿Quién soy como persona individual? Si resuelves esas cosas con éxito, podrás reconocer y declarar lo que has ganado a partir de la relación, dejando atrás el resto.

Esas luchas internas a menudo se reflejan en los aspectos físicos de la separación. ¿Quién se va a quedar con la casa, el automóvil, un mueble preferido, el perro? A veces las luchas por cosas aparentemente pequeñas asumen una importancia enorme si son un símbolo subconsciente de las luchas internas de la separación. Para facilitar las cosas a la hora de afrontar los aspectos físicos de la separación y el divorcio, se puede hablar de los problemas emocionales con una amistad en quien confiemos o con un asesor. Te puede servir poner la atención en resolver los temas verdaderos y no quedarte en los símbolos externos. La mediación es casi siempre un mejor enfoque que el litigio.

Cuando hay hijos, aparece una dimensión totalmente nueva. Aunque te estés divorciando de tu cónyuge, los dos compartís los hijos el resto de vuestra vida. Es inevitable una relación continua, y cómo afronten el divorcio los hijos depende enteramente de cómo lo hagan sus padres.

Las relaciones de los hijos con el padre y la madre son clave para el desarrollo psicológico y del alma. Esas relaciones son algo arquetípico en la psique y si los hijos no tienen una relación sana con su padre o con su madre, ello puede hacer que, como adultos, tengan más dificultad en formar una relación sana con Dios como Padre y Dios como Madre, y con otras personas. Por tanto, es importante que cada uno de los padres permita que los hijos tengan una relación continua con los dos.

Cuando hables con tus hijos de tu expareja, hazlo siempre favorablemente. Aunque tengáis vuestras dificultades y desacuerdos, no hagáis partícipes de ello a vuestros hijos. Decid la verdad, pero encontrad siempre algo positivo o esperanzador que decir cuando sea posible. Si no podéis decir nada bueno, mejor no decir nada en absoluto antes que humillar o desprestigiar al padre o la madre de tus hijos.

El excónyuge de Sharon era adicto a las anfetaminas, jamás pagó la pensión alimenticia de sus hijos como era de ley y rara vez fue a ver las actividades de sus hijos. Pero ella aprendió a decir: «Tu padre te ama mucho». Lo decía con convicción porque sabía que era cierto en lo profundo del alma de él, aunque sus adicciones evitaban a menudo que demostrara ese amor de forma tangible.

Haz lo que haga falta para tener una relación armoniosa (o al menos civilizada) con tu exesposo o exesposa, hasta el punto que sea necesario para afrontar tus responsabilidades como padre o madre. No puedes contratar a un abogado cada vez que tengas que decidir quién va a recoger a los niños al partido de fútbol, dónde pasarán la Navidad o cuándo un hijo adolescente puede empezar a tener novio o novia. Cuando antes aprendas a resolver las cosas con cooperación antes que con confrontación, mejor será para todos, especialmente para tus hijos.

El mejor enfoque es que los dos decidáis divorciaros siguiendo como amigos. Es una decisión que podéis tomar conscientemente. Piensa en el día en que se case un hijo tuyo. ¿Nos os gustaría a los dos asistir a una ocasión así? ¿Cómo os relacionaríais entonces? ¿Por qué no empezar ya?

Aun antes de que se confirme el divorcio, es importante establecer el rumbo del alma para el futuro. Si ya has definido tus metas espirituales, esto es una base; si no, ahora puedes considerar esas metas. Acude al altar y pregúntale a Dios sobre tus circunstancias y tu futuro: «¿Cuál es el siguiente paso que debo dar? ¿Qué quieres que haga?». Al inclinar tu mente y tu corazón hacia Dios y escuchar en tu interior, comenzarás a redefinirte aparte de tu pareja.

Puede que tengas una intuición del sendero que te espera. Podrías tener una visión clara de tu futuro; o podrías no ver más allá del paso que debes dar a continuación. Lo importante es acudir a Dios. Él es tu mejor amigo y un confidente sagrado, y su consuelo te ayudará, independientemente de lo difícil que puedan ser tus circunstancias.

Día a día, al hablar con Dios de las cosas, puedes fortalecer tu conciencia sobre quién eres como ser espiritual, como madre o padre de tus hijos, y como persona única que eres en esta vida. Estás en el proceso de reclamar y expandir tu sentido del yo, tus valores más altos y tus metas en la vida.

Has de saber que Dios te ama, que ama a tu expareja y a tus hijos. Quiere lo mejor para vosotros, pero de ti depende reclamar la persona que eres en realidad y seguir adelante con tu vida y tu sendero espiritual. Por tanto, haz una lista de tus cosas favoritas, escribe tus valores y cualquier reflexión que tengas sobre ti mismo, da mucho amor y aprecio, tanto a tus hijos como a ti mismo, busca la ayuda que necesites cuando sea necesario y reúne el valor de seguir adelante.

Linda se acaba de divorciar y es madre de tres hijos. Durante la separación dijo: «Se hace lo que se tenga que hacer». Ella y su exesposo se han propuesto decirles a sus hijos que mamá y papá los aman mucho. Se sientan juntos a ver los partidos de fútbol, se relacionan armoniosamente cuando se encuentran para llevar a los niños a que pasen la noche con alguno de ellos y han aprendido a morderse la lengua cuando es necesario.

Linda tiene un excelente apoyo de su familia y amigos. Pero aun con eso, dice que no es fácil y, a menudo, duele. «Es por los niños. Eso es lo que importa», se recuerda a sí misma.

Antes de volver a casarte

Si hace poco has pasado por un divorcio, sería bueno esperar un tiempo antes de considerar la idea de tener otra relación o antes de volver a casarte. Los motivos son profundos.

Si llegas a la conclusión de que tu matrimonio no funcionó porque no encajaba contigo, es importante considerar por qué te involucraste en un principio. Muy a menudo es debido al karma y a tu psicología.

Una ley espiritual dice que tus circunstancias son el resultado de tu karma y tu psicología. Si cambias tu karma y tu psicología, puedes cambiar tus circunstancias. Contrariamente, si no transmutas el karma ni superas los aspectos negativos de tu psicología debido a los cuales te sentiste atraído a la persona equivocada, tienes muchas probabilidades de atraer a una persona muy parecida a aquella de la que te acabas de divorciar.

Es probable que ocurran los mismos problemas, los mismos modelos negativos, pero con un cuerpo diferente y otro nombre. Por ejemplo, podrías hacerte la promesa de no volver a casarte con una persona alcohólica, solo para sentir atracción hacia una persona que tiene un problema con los juegos de azar o alguna otra adicción. Hasta que no cambien tus modelos interiores, el imán seguirá estando ahí. Si pasas a otra relación demasiado pronto, probablemente no habrás cambiado lo suficiente para casarte con alguien que esté relacionado con un nivel tuyo más alto, porque aún no has tenido el tiempo y el espacio para subir a ese nivel superior.

Los psicólogos nos dicen que el tiempo necesario para pasar por las fases del dolor después del fallecimiento de un ser querido es de unos dos años. Esto es aproximadamente el tiempo que hace falta para abandonar los modelos antiguos, pasar por el proceso de ordenar las cosas interiormente y volver a descubrir quién somos como persona individual. El divorcio es una separación voluntaria, pero el proceso es parecido en algunas formas, y veinticuatro meses es una meta excelente que ponerse antes de salir con otra persona o pensar en otra relación.

Descubrirás que tanto amistades bien intencionadas como miembros de la familia te animarán a que encuentres otra relación rápidamente, para que te ayude a superar el sentimiento de pérdida y para llenar el vacío, o incluso para no dejar que un tropiezo te impida hacer lo que quieres. Pero tómate el tiempo que necesites como una oportunidad que Dios te da para que crezcas con oración, introspección, trabajo psicológico y tu práctica espiritual.

Mariana conoce bien esa lección. Hace poco se divorció después de diez años casada con un hombre al que amaba profundamente, pero que nunca fue capaz de devolverle su amor. La criticaba constantemente por cómo se vestía, lo que hacía y la clase de persona que era. También evitaba las relaciones sexuales con ella y le decía que no la encontraba atractiva. Después de algún tiempo llegó a comprender que el matrimonio no iba a funcionar nunca. Su esposo se negó a ir al psicólogo y finalmente concedió el divorcio.

Mariana dice: «Siento que estoy destinada a casarme y tener hijos, pero sé que debo esperar y cambiar mi psicología para no atraer a otro hombre que sea como el anterior. Tengo problemas a raíz de mi niñez y quiero dedicar tiempo a trabajar para conseguir una plenitud y que pueda atraer a alguien que también la tenga».

El período de tiempo tras el divorcio es como un intervalo cósmico. Vuelve a evaluar todos los aspectos de tu vida y produce aquellos cambios que siempre quisiste, pero para los cuales nunca tuviste el tiempo de concentrarte. Trabaja duro para resolver tu psicología y usa la llama violeta sin límites. Es la energía del cambio y la transmutación y puede ayudarte a realizar cambios positivos en tu vida.

Aunque no tenías pensado tener que pasar por las dificultades del divorcio y la separación, es algo que se te ha cruzado en el camino y debes aprender y crecer lo máximo posible a raíz de esa situación.

8
Ejercicios espirituales

El amor perfecto es un fuego sagrado que comienza en el corazón.

ELIZABETH CLARE PROPHET

La elevación de la luz

Si bien buscamos un amor perfecto y tenemos la esperanza de atraerlo hacia nosotros, también hay que ser realistas a la hora de afrontar las dificultades y las cargas que tenemos cuando vivimos en un cuerpo físico en el mundo moderno. Y aunque podamos comprender que el cuerpo es un templo para el espíritu en evolución, aún nos puede costar trabajo vivir la vida como si así fuera.

Nos podemos encontrar a nosotros mismos afectados por deseos inferiores incluso cuando aspiramos a un camino superior. Puede que hayamos desarrollado costumbres que a veces nos venzan, puesto que vivimos en un mundo que parece ir en sentido contrario al que nosotros queremos tomar. Descubriremos que tenemos dudas y miedos. Y si el chakra del tercer ojo no está limpio, la visión espiritual y la percepción clara que nos podría ayudar a tomas decisiones con sensatez nos puede faltar. Se dice que el karma ciega.

Los ejercicios espirituales pueden marcar una gran diferencia. Pueden ser el puntal que nos ayude a distanciarnos de los viejos impulsos acumulados y nos lleven a un nuevo lugar en conciencia. Podemos utilizarlos para aumentar la luz de nuestro interior con el fin de atraer el amor de nuestra vida y los podemos usar para invocar las energías transformadoras que pueden saldar el karma que nos separa de nuestra relación de amor que Dios puede tener guardada para nosotros.

Esta sección te ofrece una serie de herramientas espirituales, sencillas pero poderosas, para transformar tu mundo. La energía del chakra de la base se elevará natural y gradualmente a medida que utilices estas técnicas espirituales. No tienes por qué sentir cómo sube la energía, porque lo hace de manera gradual, día a día. Pero después de algunos meses de práctica diaria, mirarás atrás y verás lo lejos que has llegado. Es muy posible que encuentres un sentimiento de paz y plenitud hasta ahora desconocido.

Antes de comenzar, una advertencia sobre el trabajo con las energías del chakra de la base de la columna. Algunos gurús orientales enseñan unas técnicas y dicen que que aceleran la elevación de la energía Kundalini. Sin embargo, tales prácticas pueden ser peligrosas: al elevarse la energía, esta puede activar registros kármicos e impulsos negativos en los chakras. Existe una forma segura de trabajar con las energías de los chakras y elevar la luz.

En vez de concentrarnos directamente en los chakras inferiores y elevar la Kundalini, podemos meditar en los chakras superiores, desde el corazón hasta la coronilla. Cuando intensifiquemos la luz en esos centros, estos se convierten en imanes que atraerán la energía de forma natural desde la base.

Esta acción aumenta cuando limpiamos las energías negativas de todos los chakras utilizando la llama violeta. El uso de la llama violeta puede ser una herramienta muy eficaz para despejar las barreras y hacer que la luz se eleve. También puede limpiar registros del pasado y hábitos que hacen que la luz descienda, haciendo más fácil el desarrollo de nuevos impulsos positivos.

Cuando los chakras están limpios gracias a la acción de la llama violeta, la energía se eleva por sí misma y el corazón y el tercer ojo se ven libres de bloqueos para que podamos percibir lo que es real.

Meditación en los chakras

Enviar la llama violeta a los chakras, visualizándola y meditando en ella, puede ser una práctica muy eficaz. Al recitar estos mantras, visualiza la luz de la llama violeta elevándose por cada chakra, limpiando las energías negativas y la densidad que pueda haber alojada ahí. Puedes usar la imagen de una hoguera de llama violeta, la llama de una placa de gas o cualquier cosa que te transmita la intensidad y el dinamismo de una llama en movimiento y viva.

Envía la llama violeta a cada chakra y, a su vez, di cada afirmación en múltiplos de tres mientras usas la llama violeta para limpiar y purificar cada chakra.

¡YO SOY un ser de fuego violeta!
¡YO SOY la pureza que Dios desea!

¡Mi corazón es un chakra de fuego violeta!
¡Mi corazón es la pureza que Dios desea!

¡YO SOY un ser de fuego violeta!
YO SOY la pureza que Dios desea!

¡Mi garganta es una rueda de fuego violeta!
¡Mi garganta es la pureza que Dios desea!

¡YO SOY un ser de fuego violeta!
YO SOY la pureza que Dios desea!

Todos queremos ser amados

¡Mi plexo solar es un sol de fuego violeta!
¡Mi plexo solar es la pureza que Dios desea!

¡YO SOY un ser de fuego violeta!
YO SOY la pureza que Dios desea!

¡Mi tercer ojo es un centro de fuego violeta!
¡Mi tercer ojo es la pureza que Dios desea!

¡YO SOY un ser de fuego violeta!
YO SOY la pureza que Dios desea!

¡Mi chakra del alma es una esfera de llama violeta!
¡Mi alma es la pureza que Dios desea!

¡YO SOY un ser de fuego violeta!
YO SOY la pureza que Dios desea!

¡Mi chakra de la coronilla es un loto de fuego violeta!
¡Mi chakra de la coronilla es la pureza que Dios desea!

¡YO SOY un ser de fuego violeta!
YO SOY la pureza que Dios desea!

¡Mi chakra de la base es una fuente de fuego violeta!
¡Mi chara de la base es la pureza que Dios desea!

¡YO SOY un ser de fuego violeta!
YO SOY la pureza que Dios desea!

La llama de la resurrección

O tro ejercicio espiritual que sirve para elevar la energía y aumentar la luz está basado en el mantra de la resurrección de Jesús: «YO SOY la resurrección y la vida»[1].

La resurrección es el resurgimiento de la energía de Dios en nuestros centros espirituales. Jesús fue capaz de extraer energía de la llama de la resurrección de su Presencia YO SOY y del chakra de la base de la columna para restaurar la vida en su cuerpo con el ritual de la resurrección. Cada uno de nosotros podemos invocar esa misma llama para curarnos y para que nuestro cuerpo físico y nuestros cuerpos sutiles sean restaurados según el diseño interior.

Para comenzar, ponte de pie con los brazos en alto, por encima de la cabeza. Imagínate que estás dirigiendo la energía que se eleva por la red de tus chakras para regresar a tu Presencia YO SOY.

Ve y siente la luz en ti como una suavidad madreperla que te baña el cuerpo con un suave brillo. Ve cómo la luz rodea cada célula y átomo de tu cuerpo, volviéndose cada vez más blanca. A medida que las células y los átomos se van acelerando, comienzan a girar, emitiendo una luz blanca para limpiar y energizar tu cuerpo, mente y emociones.

Mientras sigues visualizando eso, haz la siguiente afirmación en voz alta tres veces, nueve veces o tantas como quieras.

¡YO SOY, YO SOY, YO SOY la resurrección y la vida de cada célula y átomo de mis cuatro cuerpos inferiores manifestada ahora!

Siente cómo al hacer este mantra la luz y la energía se elevan dentro de ti y vive la alegría y ligereza de la llama de la resurrección. Este mantra es especialmente eficaz para elevar y aliviar la excesiva acumulación de energía alrededor de los chakras inferiores.

La afirmación se puede usar cuando sientas que el flujo de la energía está bloqueado en algún ámbito de tu vida. Sustituye las palabras «cada célula y átomo de mis cuatro cuerpos inferiores» con el ámbito que quieras rejuvenecer en tu vida. Mucha gente lo utiliza para sus finanzas: «¡YO SOY, YO SOY, YO SOY la resurrección y la vida de mis finanzas (3x), manifestada ahora en mis manos y para mi uso hoy!».

El «Ave María»

n tercer ejercicio para elevar la luz es aquel que se ha practicado durante cientos de años: el «Ave María». El significado interno del «Ave María» es «Ave Rayo de la Madre». Este mantra es un saludo a la Madre universal y también a la luz de la Madre que está encerrada en el chakra de la base. Así como el yoga, el mantra y la meditación han sido usados en Oriente para elevar la Kundalini, el «Ave María» es el ejercicio espiritual que recibió Occidente para elevar esa energía de una manera segura.

Esta oración se combina con el Padre Nuestro y otras oraciones y meditaciones en el ritual del rosario, que sirve para equilibrar la polaridad masculina y femenina del ser.

Algunas de las palabras del Ave María que componen el rosario de la Nueva Era son distintas y afirman que somos hijos e hijas de Dios (en vez de decir que somos pecadores) y con ellas se pide a la Virgen María que rece por nosotros en la hora no de nuestra muerte, sino «de nuestra victoria sobre el pecado, la enfermedad y la muerte».

> Ave María, llena eres de gracia.
> El Señor es contigo.
> Bendita tú eres entre todas las mujeres
> y bendito es el fruto de tu vientre, Jesús.

Todos queremos ser amados

Santa María, Madre de Dios,
ruega por nosotros, hijos e hijas de Dios,
ahora y en la hora de nuestra victoria
sobre el pecado, la enfermedad y la muerte.

Esta oración se puede recitar como parte del rosario o se puede hacer por sí sola, como un mantra para la elevación segura y suave de la luz de la Madre en nosotros.

María ha prometido que mediante esta oración nos ayudará a conseguir la maestría sobre nosotros mismos. También nos anima a que le pidamos que entre en nuestra vida para que nos pueda ayudar a conseguir dominar la luz de la Madre o cualquier problema, grande o pequeño.

Corazón, cabeza y mano

Los «Decretos de corazón, cabeza y mano» son unos mantras sencillos compuestos en verso que contienen claves relacionadas con las fases del sendero espiritual que culmina en la ascensión. Estos mantras también liberan la llama violeta.

Si los recitas en voz alta, tres veces o más cada uno, todos los días, verás que la energía que recibirás de ellos te ayudará a cumplir tu plan divino, reunirte con tu Yo Superior y tu llama gemela y cumplir los requisitos de la ascensión. Al hacerlos, has de saber que muchos ángeles y maestros del cielo los estarán recitando contigo.

Decretos de corazón, cabeza y mano

Fuego violeta

Corazón

Ve la llama violeta en el centro de tu pecho, alrededor de tu corazón y del chakra del corazón.

> ¡Fuego violeta, divino amor,
> arde en este, mi corazón!
> Misericordia verdadera tú eres siempre,
> mantenme en armonía contigo eternamente. (3x)

Cabeza

Ve la llama violeta a través y alrededor de tu cabeza, limpiado los chakras de la garganta, el tercer ojo y la coronilla.

> YO SOY luz, tú Cristo en mí,
> libera mi mente ahora y por siempre;
> fuego violeta brilla aquí,
> en lo profundo de esta, mi mente.
>
> Dios que me das el pan de cada día,
> con fuego violeta mi cabeza llena.
> Que tu bello resplandor celestial
> haga de mi mente una mente de luz. (3x)

Mano

Ve la llama violeta pasar a través de tus manos, purificando todas tus acciones, a todos y todas las cosas que toques.

> YO SOY la mano de Dios en acción,
> logrando la victoria cada día;
> para mi alma pura es una gran satisfacción
> seguir el sendero de la Vía Media. (3x)

Tubo de luz

Ve cómo tú mismo estás de pie en el tubo de luz, un cilindro de luz blanca que desciende de tu Presencia YO SOY.

> Amada y radiante Presencia YO SOY,
> séllame ahora en tu Tubo de Luz
> de llama brillante maestra ascendida
> ahora invocada en el nombre de Dios.
> Que mantenga libre mi templo aquí
> de toda discordia enviada a mí.

YO SOY quien invoca el fuego violeta,
para que arda y transmute todo deseo,
persistiendo en nombre de la libertad
hasta que yo me una a la llama violeta. (3x)

Perdón

Envía esferas de llama violeta desde tu corazón hacia
cualquier situación que necesite luz y perdón. Envíalas
a quienes necesites perdonar y a quienes necesiten per-
donarte a ti. Visualízalas como bolas de llamas con alas
viajando deprisa hacia su destino.

YO SOY el perdón aquí actuando,
desechando las dudas y los temores,
la victoria cósmica despliega sus alas
liberando por siempre a todos los hombres.

YO SOY quien invoca con pleno poder
en todo momento la ley del perdón;
a toda la vida y en todo lugar
inundo con la gracia del perdón. (3x)

Provisión

El símbolo más importante de la abundancia es el oro,
que representa no solo la riqueza de este mundo, sino los
dones espirituales que necesitamos para cumplir nuestra
misión. Al hacer este mantra, visualízate a ti mismo baña-
do o bañada en luz verde esmeralda de curación y preci-
pitación, con monedas de oro descendiendo desde arriba
hacia tus manos, que tienen las palmas hacia arriba.

Libre YO SOY de duda y temor,
desechando la miseria y la pobreza,
sabiendo que la buena provisión
proviene de los reinos celestiales.

YO SOY la mano de la fortuna de Dios
derramando sobre el mundo los tesoros de luz,
recibiendo ahora la abundancia plena,
las necesidades de mi vida quedan satisfechas. (3x)

Perfección

Ve una esfera de llama azul de protección y dirección
divina a todo tu alrededor, inspirándote con claridad en
las decisiones, grandes y pequeñas.

Vida de dirección divina YO SOY,
enciende en mí tu luz de la verdad.
Concentra aquí la perfección de Dios,
líbrame de toda discordia ya.

Guárdame siempre muy bien anclado
en toda justicia de tu plan sagrado,
¡YO SOY la Presencia de la perfección
viviendo en el hombre la vida de Dios! (3x)

Transfiguración

Ve cómo pones de lado vestiduras viejas y desgastadas,
que representan estados de conciencia y elementos de
tu aura que quieres dejar atrás. En su lugar, ve nuevas
vestiduras de luz, con la luz de la transfiguración a todo
tu alrededor, una radiación destellante que contiene la
luz blanca y los siete rayos.

YO SOY quien transforma todas mis prendas,
cambiando las viejas por el nuevo día;
con el sol radiante del entendimiento
por todo el camino YO SOY el que brilla.

Ejercicios espirituales

YO SOY luz, por dentro, por fuera;
YO SOY luz por todas partes.
¡Lléname, libérame, glorifícame!
¡Séllame, sáname, purifícame!
Hasta que transfigurado todos me describan:
¡YO SOY quien brilla como el Hijo,
¡YO SOY quien brilla como el Sol! (3x)

Resurrección

Ve la luz madreperla de la transfiguración acelerarse, de forma que los colores empiezan a mezclarse y se convierten en luz blanca.

YO SOY la llama de la resurrección,
destellando la pura luz de Dios.
YO SOY quien eleva cada átomo ahora,
YO SOY liberado de todas las sombras.

YO SOY la luz de la Presencia Divina,
YO SOY por siempre libre en mi vida.
La preciosa llama de la vida eterna
se eleva ahora hacia la victoria. (3x)

Ascensión

Ve la luz blanca de la llama de la ascensión a todo tu alrededor, elevando todo tu cuerpo y conciencia hacia una dimensión superior.

YO SOY la luz de la ascensión,
fluye libre la victoria aquí,
todo lo bueno ganado al fin
por toda la eternidad.

YO SOY luz, desvanecido todo peso.
En el aire ahora me elevo;
con el pleno poder de Dios en el cielo
mi canto de alabanza a todos expreso.

¡Salve! YO SOY el Cristo viviente,
un ser de amor por siempre.
¡Ascendido ahora con el poder de Dios,
YO SOY un Sol resplandeciente! (3x)

Estos mantras son fáciles de memorizar y los puedes hacer en cualquier sitio. Cuando se recitan en forma de cántico, el ritmo constante de las palabras añade un poder a la liberación de luz. Al repetirlos, se va acumulando un impulso y se produce una intensificación de luz. Al recitarlos con regularidad, podrás descubrir que se irán acelerando en velocidad y tono como algo natural, a medida que la luz va acelerándose en ti.

Oración para la protección del fuego sagrado

La siguiente oración puede servirte de ayuda cuando desees conservar la luz del fuego sagrado en tus centros espirituales y sientas la atracción de los deseos inferiores. Hazla con voz fuerte y con la seguridad de que la ayuda siempre está cerca.

Llamo en el nombre de mi poderosa Presencia YO SOY y Santo Ser Crístico a la Madre Divina, al corazón del Dios Padre-Madre, amados Alfa y Omega, y al corazón del Cristo.

Rezo para que la necesidad que mi alma tiene de contactar con la Madre Divina sea satisfecha lícitamente. Pido la elevación y purificación de las energías de mis chakras y la transmutación de la causa y el núcleo de todos los abusos del fuego sagrado.

Pido que sean atadas todas las fuerzas que desean intensificar el deseo carnal. Pido la satisfacción de todas las necesidades de mi alma y mi Presencia YO SOY a través de mi chakra del corazón, y pido el matrimonio de mi alma con mi Presencia YO SOY a través de mi chakra del corazón.

De acuerdo con la santa voluntad de Dios, así sea. Amén.

Oración para la reunión de las llamas gemelas

El Maestro Ascendido El Morya habla de las causas de la separación entre llamas gemelas y ofrece una oración que quienes buscan la reunión pueden recitar. Mucha gente que tiene este ritual ha descubierto que la oración que hizo recibió magníficas respuestas de varias formas.

Comprended que el amor superior y el más perfecto comienza con vuestra expresión individual del corazón, la expansión de esa llama de amor, hasta que toda la irritación se consuma y el orgullo deje de existir y estéis ante vuestro Dios verdaderamente dignos de cualquier bendición que pueda concederse.

Puesto que el karma personal es el factor clave de la separación de las llamas gemelas y puesto que es deseable que estas se unan para servir juntas, el factor «x» que puede marcar la diferencia es la entrada a uno de los retiros de los Maestros Ascendidos... para que se patrocine esa unión prometiendo asumir el karma que mantiene separadas a esas almas. Este patrocinio es como el del chela individual, excepto que es un patrocinio conjunto de los gemelos.

Esto, por tanto, es un llamado que debéis incluir en vuestras oraciones. Es un llamado que dice:

Oh Señor, deseo realizar el mejor servicio y cumplir mi voto interior con mi llama gemela. Si el karma es lo que nos separa y, por tanto, nuestro servicio, ruego, apártelo el Señor Dios por una hora y un año para que podamos demostrar que somos dignos, arar derecho el surco, entrar al servicio de nuestro Dios y nuestro país y el de la libertad del mundo para que juntos podamos elegir saldar ese karma. Y así lo elegimos, Señor Dios.

Prometemos, por tanto, pase lo que pase, que si estamos unidos serviremos en armonía, por gracia de Dios, para primero saldar el karma que el Maestro Ascendido ha asumido, de forma que no tenga llevar en nuestro lugar la carga que es en verdad nuestra.

Habiendo dicho esto, es importante dejar escrita en papel, de tu puño y letra, esta oración y cualquier cosa que hayas añadido, con la fecha escrita detalladamente y con tu firma. Puedes poner esta carta en el libro del Evangelio Eterno.

Debes acordarte de llamar al Arcángel Miguel para que defienda el encuentro más grande y ate a los impostores de tu llama gemela. Porque en cuanto se establece el deseo y se levanta la vela en tu barco, la falsa jerarquía enviará a personas atractivas, con glamur, con un gran karma o incluso iniciadores que salen de las profundidades de la oscuridad haciéndose pasar por Krishna, el santo de Dios que os pertenece.[2]

Ángeles de protección

Como ha explicado El Morya en la cita anterior, si buscas la reunión con tu llama gemela, es importante pedir la protección contra todo lo que se quiera oponer a ella. La siguiente oración y decreto puede utilizarse con ese fin.

Comienza con la oración de apertura y después recita el cuerpo del decreto, en voz alta, nueve veces o más. Envía amor y gratitud a este gran arcángel por estar presente a tu lado y por protegerte. Debes verlo con su espada de llama azul protegiéndote y protegiendo a tu llama gemela, liberándoos de todo lo que se pudiera cruzar en el camino de vuestro amor más grande. Repite el estribillo después de cada estrofa.

Oración y decreto al Arcángel Miguel
para la protección de las llamas gemelas

En el nombre de mi Poderosa Presencia YO SOY, pido por la victoria de mi llama gemela, para que mi llama gemela sea liberada por el poder de la poderosa llama y espada azul del Arcángel Miguel. Legiones de Luz, ¡entrad en acción ahora! Y allá donde se encuentre mi llama gemela, liberadla. Liberadme a mí. Liberadnos para que cumplamos el plan divino y logremos la unión en el nivel del Cristo, en el nivel de nuestros chakras. Y si la voluntad de Dios lo quisiera, reunidnos en una vida de servicio. Os damos las gracias y lo aceptamos hecho en esta hora, con pleno poder, de acuerdo con la voluntad de Dios. Amén.

Ejercicios espirituales

1. San Miguel, San Miguel,
   invoco tu llama,
   ¡libérame ahora,
   esgrime tu espada!

Estribillo: Proclama el poder de Dios,
   protégeme ahora.
   ¡Estandarte de Fe
   despliega ante mí!

   Relámpago azul
   destella en mi alma,
   ¡radiante YO SOY
   por la gracia de Dios!

2. San Miguel, San Miguel,
   yo te amo, de veras;
   ¡con toda tu Fe
   imbuye mi ser!

3. San Miguel, San Miguel,
   y legiones de azul,
   ¡selladme, guardadme
   fiel y leal!

Coda: ¡YO SOY saturado y bendecido
   con la llama azul de Miguel,
   YO SOY ahora revestido
   con la armadura azul de Miguel! (3x)

¡Y con plena fe acepto conscientemente que esto se manifieste, se manifieste, se manifieste! (3x), ¡aquí y ahora mismo con pleno poder, eternamente sostenido, omnipotentemente activo, siempre expandiéndose y abarcando el mundo hasta que todos hayan ascendido completamente en la luz y sean libres! ¡Amado YO SOY! ¡Amado YO SOY! ¡Amado YO SOY!

9
Ocho claves
para elevar
tu energía

Además de la oración, los decretos y las técnicas espirituales, hay pasos prácticos que cualquiera puede dar como ayuda para el problema de la falta de flujo de energía y la acumulación de la energía en los chakras inferiores. He aquí las ocho claves prácticas:

1. Pon atención en la dieta.
Ayuda mucho reducir la carne roja, el azúcar y los alimentos pesados y picantes, que tienden a ejercer de estimulantes y concentran más energía en el cuerpo físico. Mucha gente también considera que sirve abstenerse de los productos lácteos.

Una dieta basada en granos integrales y verduras con cantidades moderadas de proteínas y otros alimentos no es solo una dieta sana para el cuerpo físico, sino que también produce un equilibrio en los cuerpos mental, emocional y etérico.

2. Equilibra el cuerpo haciendo ejercicio.
El ejercicio es muy importante para el flujo de las energías y el equilibrio del cuerpo. Ayuda a expandir el corazón y los pulmones y ayuda a controlar el cuerpo físico y a que la energía fluya en él.

Después de andar, nadar o correr también puedes sentarte y meditar en el chakra del tercer ojo y sentir cómo las energías se elevan suavemente por la columna. Actividades como el hatha yoga y el taichí están específicamente diseñadas para mantener un saludable flujo de la energía en el cuerpo.

Si existe un problema inmediato con las energías sexuales, el viejo remedio de darse una ducha de agua fría funciona, porque le da al cuerpo un shock y altera la circulación de la energía.

3. Aléjate del alcohol y otras drogas.

Aparte de los efectos negativos que tienen el alcohol y las drogas sobre el cuerpo físico y los centros espirituales, la gente con frecuencia hace cosas bajo los efectos del alcohol u otras drogas de las que después se arrepiente.*

4. Evita situaciones en las que tengas tentaciones.

Aunque parezca obvio, evitar la tentación puede ser en sí mismo una buena estrategia. Si surge una situación en la que pudieras tener algún problema, a menudo lo único que tienes que hacer es abandonar la escena y estar con otra gente.

Decir que no, simplemente, funciona. Y si te anticipas y sabes que vas a sentir la tentación, evita esa situación.

También hay que escoger las amistades con inteligencia. Pasa el tiempo con gente que esté en un camino parecido al tuyo en vez de con gente que podría llevarte a situaciones que te harán más difícil conservar la luz y mantener los compromisos contigo mismo y con tu llama gemela.

5. Sé selectivo con lo que ves y lo que lees.

Está claro que la pornografía, en todas sus formas, es algo que hay que evitar, puesto que está pensada para estimular las

---

* Una de las razones por las que el alcohol es un problema tan grande en este sentido es que afecta primero a los centros superiores en el cerebro, el punto físico de contacto con nuestro yo superior. La falta de inhibición que la gente siente bajo los efectos del alcohol también es una desconexión de la voz de la conciencia, el Santo Ser Crístico. Para obtener más información sobre los aspectos espirituales de las drogas de todo tipo, véase mi libro *Quiero ser libre: Un enfoque espiritual sobre la adicción y la recuperación.*

energías sexuales y dirigirlas hacia los chakras inferiores.* Pero muchas películas populares y hasta las orientadas a la familia y los programas de televisión actuales, incluyen mucho contenido sexual, ya sea explícitamente o indirectamente. Es casi imposible que las energías no se dirijan a los chakras inferiores cuando vemos cosas así.

Sé selectivo. Si aparece algo que vaya a bajarte las energías, pásalo rápido, no veas la película, cambia de canal o apaga el televisor. Observa lo que les pasa a tus energías y toma las decisiones que te ayuden a mantener las energías donde tú quieres tenerlas.

6. Elige lo que quieres escuchar.

La música es otro factor que afecta profundamente el flujo de la energía y la luz del cuerpo. La música con temas y letras sexuales produce un efecto obvio, pero además de eso existe una ciencia relacionada con la música y sus efectos en el cuerpo.

El ritmo natural del chakra de la base de la columna es el 4/4, que es el compás de las marchas disciplinadas. La música con ritmo rock (un 4/4 sincopado donde se acentúa el segundo y el cuarto golpe del compás) encuentra una resonancia con el chakra de la base y lo desequilibra. Esta música, en vez de hacer subir la luz por los chakras, la hace bajar por la columna.

No es ninguna coincidencia que la era del apogeo de la música rock en la década de los sesenta también fuera la época en que el amor libre se puso de moda. Millones de jóvenes concentraron sus energías en los chakras inferiores al escuchar esa nueva música y no supieron cómo manejarlas. La revolución sexual fue su escape.

---

* El fácil acceso a la pornografía a través de Internet ha resultado en un problema muy extendido de adicción, algo que ha tenido unos efectos devastadores en muchas vidas y relaciones. Para obtener más información sobre la naturaleza adictiva de la pornografía y el daño que causa, especialmente en hombres jóvenes, véase http://yourbrainonporn.com (en inglés). Para aprender técnicas espirituales para superar esta y otras adicciones, véase *Quiero ser libre: Un enfoque espiritual sobre la adicción y la recuperación.*

Hoy día es difícil evitar el ritmo de la música rock, que es la banda sonora de gran parte de la vida moderna. Pero si evitas escucharla todo lo que puedas, verás que es más fácil manejar las energías del chakra de la base y elevar la luz. La música clásica y el compás del 3/4 del vals (el ritmo natural del corazón físico y del chakra del corazón) ayuda a elevar la luz.

7. Examina tus deseos y resuelve tu psicología personal. Si tienes un problema desde hace mucho tiempo que parece difícil de controlar, especialmente si está empezando a parecerse a una adicción, puede servir de ayuda ponerse a trabajar en la propia psicología. A veces problemas así surgen debido a una falta de resolución con los padres u otros problemas de la niñez, y la ayuda de un psicólogo profesional puede ser de mucha ayuda, especialmente cuando se combina con el trabajo espiritual.

8. Forma una relación con un santo o maestro ascendido. Algunas veces los problemas con el fuego sagrado surgen de un deseo subyacente de ser plenos, y se busca esa realización en una llama gemela o alma compañera. Mientras esperas a que llegue la hora en que esa persona pueda estar a tu lado, escoge un maestro o un santo del que te sientas cerca; quizá Jesús, san Francisco o Krishna si eres mujer, la Virgen María u otra santa si eres hombre, y encuentra la plenitud mediante una relación con ese maestro.

Podemos formar relaciones con los santos y los maestros cuando leemos acerca de su vida y enseñanzas, cuando rezamos y hacemos sus decretos, cuando tenemos conversaciones con ellos, les escribimos cartas y ponemos sus imágenes en nuestra casa. Como ocurre con cualquier otra relación, esto requerirá algo de tiempo y esfuerzo. Al principio parecerá que toda la comunicación va en un solo sentido, pero con el tiempo sentirás la corriente de regreso como una energía sutil y el sentimiento de que en tu vida hay una presencia real.

La Madre Teresa de Calcuta tenía una relación así con Jesús. Alguien le dijo una vez: «Pues tú lo tienes más fácil. No estás casada ni tienes ninguna relación». Ella contestó: «¿Qué quieres decir? Estoy casada», y señaló el anillo al dedo, señal del matrimonio de una monja con Jesús. «¡Y también puede ser muy difícil!»[1]. La relación con un santo o un maestro ascendido puede servir como ayuda para satisfacer la necesidad interior que todos tenemos de una relación con la otra polaridad de nuestro ser interior.

———————————

John está ahora en la treintena. Estuvo activo sexualmente al final de su adolescencia y cuando apenas hubo sobrepasado los veinte años, pero descubrió que eso no produjo ninguna satisfacción a su alma. Ahora utiliza estas claves para obtener cierto grado de maestría sobre sus energías. Hace ejercicio con regularidad y reza el rosario todos los días. Tiene cuidado con qué programas se pone a ver y tiene el control remoto siempre a mano, por si las cosas van demasiado lejos. John explica los cambios que ha observado en su vida:

«Creía que no podía vivir sin sexo, pero al mismo tiempo no podía soportar las rondas de aventuras amorosas casuales que en realidad no tenían ninguna importancia. Me tropecé con estas claves y las apliqué diligentemente, probablemente porque estaba desesperado. Ahora conozco mis límites y evito las situaciones que sé que me darán problemas.

»No me avergüenzo de rezar y pedir a los ángeles que me ayuden cuando lo necesito. Mientras tanto, espero felizmente a que llegue el momento adecuado según lo quiera Dios. Y para serte sincero, aunque nunca pensé que podría decirlo, ahora sé que estoy bien como estoy».

10
El amor
más grande

No, el corazón que ha amado de veras jamás olvida,
sino que ama de veras hasta el fin,
como el girasol mira a su dios, cuando este se pone,
la misma mirada que dio cuando salió.

THOMAS MOORE

Un camino nuevo

Las conversaciones y las sesiones de asesoramiento que he tenido con adolescentes y personas de todas las edades me hacen creer que la gente realmente quiere amar y ser amada. Las personas quieren un mayor amor, el amor perfecto, la persona que tienen destinada en esta vida. De algún modo, aún creen que ese amor del amado o la amada les hará superar todas las tribulaciones y las pruebas en la vida. Aun cuando reconocen el valor de las libertades relativas que tenemos hoy, también tienen un deseo de volver a algunos de los valores de la época de sus padres o sus abuelos, y sienten tristeza por la desaparición del modo tradicional de la vida familiar.

A los adolescentes les preocupa que haya tantos matrimonios que acaban en divorcio. Aunque se sienten agradecidos de que sus padres (a menudo solteros) los amaran y cuidaran de ellos, no quieren dar continuidad a la actual tendencia en la cual la mitad de los matrimonios termina mal. Han sobrevivido al divorcio de sus padres y quieren seguir un camino distinto. Lauren Harper, una estudiante veterana de la Universidad de Georgia, dijo en un artículo del *Atlanta Journal-Constitution*: «Mis amigos quieren encontrar a su media naranja y casarse. Quieren una familia y una carrera profesional»[1].

Pero no podemos dar marcha atrás en el tiempo. Vivimos en un mundo muy diferente al de nuestros padres o abuelos, una época en la que aparentemente todo vale. La gente de hoy día probablemente sabe más acerca del sexo que cualquier otra generación de la historia, pero ¿sabemos más de amor? ¿Cómo navegaremos por este mundo, donde las viejas reglas ya no cuentan? ¿Dónde están las marcas que señalen el camino hacia el amor verdadero?

Quizá lo que se necesita es una nueva forma de ver el amor, el sexo y las relaciones, con un conocimiento de la energía, del flujo, de los principios espirituales. Con ese conocimiento, podemos tomar decisiones basadas no en la tradición, el miedo, las reglas o la presión social, sino en el verdadero amor y la iluminación. ¿No es eso lo que debería ser la esencia de una nueva era?

Los principios de este libro han ayudado a jóvenes de todas las edades a conseguir una maestría sobre sus centros espirituales y a elevar su luz desde la base hasta la coronilla. Han hallado una mayor creatividad y realización en la vida. Un conocimiento espiritual del amor y las relaciones les ha dado la capacidad de tener el valor y la fe para esperar un amor más grande.

Para muchos, este sendero ha sido el medio de hallar la relación de amor que buscaban, el Ser único con quien estaban destinados a estar. Para otros, también ha sido la clave para encontrar el amor que hay en el interior y la comunión con su Yo Superior. Para mi esposo Peter y para mí, ha sido todo eso.

Las relaciones de nuestra vida sirven a un propósito superior cuando son el medio para que nuestro amor crezca, para que aprendamos a dar y recibir más amor. Y a medida que vayamos expresando un amor mayor, nos iremos convirtiendo más en Dios, pues *Dios es amor*. Y quizá este sea el secreto más grande del amor.

A veces la gente piensa que el amor es como un bien valioso, algo que hay que buscar, descubrir. Pero el amor no es un objeto, sino una acción; no es un nombre, sino un verbo.

Si lo que intentamos es encontrar eso que llamamos «amor»,

puede que nos decepcionemos. Puede que no lo encontremos. Puede que no satisfaga las expectativas que tenemos. Si al contrario buscamos «amar», eso siempre es posible. Podemos comenzar amando a Dios, nuestro Yo Superior y el de nuestra llama gemela, allá donde estemos, en el Espíritu o la Materia.

Así, en vez de intentar hallar la relación correcta como meta, piensa en concentrarte en servir a los demás. Al hacerlo y al dar de ti mismo, conocerás a toda clase de gente maravillosa, que también quiere servir. Y el altruismo atraerá hacia ti un amor más grande.

Al enviar más amor al mundo, el amor también te regresará en mayor medida. Cuanto más ames, más conocerás a gente que ama. Esto es una ley universal. Cómo regresará ese amor, quizá no seas capaz de preverlo.

Es posible que lo haga a través del amor de Dios, que se convierte en una presencia muy tangible en ti. Es posible que lo haga mediante una conexión interior con tu llama gemela, que te da fortaleza y alegría para todo lo que hagas. Es posible que lo haga a través de la persona que es tu llama gemela o alma compañera, a quien conozcas como pareja para tu viaje en la vida. Es posible que lo haga a través de la oportunidad de saldar karma y ser libre de una carga que te ha apesadumbrado durante muchas vidas.

Sea cual sea el sendero que el destino te dé, compartir tu amor te llevará más cerca de la meta. Este es el sendero que todos los grandes santos y místicos, los avatares de Oriente y Occidente, han enseñado.

El amor es la clave para llegar a la solución de todos los problemas. El amor es la clave que abre todas las puertas. La única forma de llegar a ser adeptos o maestros, a conseguir tu ascensión, es mediante el amor. Esfuérzate para dar el amor que buscas, y el amor regresará hacia ti en abundancia.

El amor es sufrido, es benigno;
   el amor no tiene envidia,
el amor no es jactancioso, no se envanece;
   no hace nada indebido, no busca lo suyo,
no se irrita, no guarda rencor;
   no se goza de la injusticia, mas se goza de la verdad.
Todo lo sufre, todo lo cree,
   todo lo espera, todo lo soporta.

SAN PABLO

Reconocimiento

En los años en los que seguí el sendero espiritual con Elizabeth Clare Prophet tuve la oportunidad de presenciar muchas sesiones en las que ella ofreció a las personas enseñanza y las aconsejó sobre el tema de las llamas gemelas, las almas compañeras y las relaciones. En esas sesiones observé una profunda perspectiva espiritual y un gran amor por las almas con las que estaba en contacto. También observé su profunda comprensión de la condición humana y su capacidad para elevar al alma hacia un punto superior en conciencia. Las enseñanzas, a menudo, supusieron un cambio en la vida de las personas.

Durante mucho tiempo he tenido la esperanza de que esas enseñanzas sobre el amor, el sexo y las relaciones llegaran a una mayor audiencia, y ese es el fin de este libro. Las enseñanzas de la Sra. Prophet sobre las almas compañeras, las llamas gemelas y las relaciones kármicas son la esencia del mensaje. Algunas de las fuentes originales más importantes se listan en la sección de Recursos Adicionales, al final del libro. Al marco de estos conceptos he añadido perspectivas obtenidas a través de mi propia experiencia y asesoría, y las muchas historias de gente que he conocido las cuales ilustran cómo se han aplicado estos conceptos en la vida.

En algunos de esos casos, las personas han compartido perspectivas intuitivas sobre sus vidas pasadas o sobre la naturaleza espiritual de sus relaciones. No puedo confirmar ni negar si esas perspectivas son fieles, pero las comparto aquí porque con frecuencia fueron elementos clave para que las personas comprendieran sus relaciones. Muchas de las historias son arquetípicas, y hay lecciones de las que todos podemos aprender.

Quisiera expresar mi profunda gratitud a la Sra. Prophet y su esposo, Mark, por el rol que tuvieron como pioneros de la espiritualidad y por traer estos conceptos al mundo. También quisiera agradecer a Summit University Press que diera su permiso para utilizar las enseñanzas de la Sra. Prophet en la compilación de este libro.

Mi agradecimiento a Marilyn Barrick, una psicóloga espiritual con muchos años de experiencia, que revisó un primer borrador del manuscrito y ofreció perspectivas sobre la psicología del amor y las relaciones, y proporcionó algunos de los casos. Gracias también a Ralph y Lucile Yaney por compartir el fruto de sus muchos años de práctica como psicólogos y asesores, y particularmente los conceptos en la sección «Sinceridad».

Por último, quisiera dar las gracias a los muchos jóvenes que revisaron el libro en su forma manuscrita, ofreciendo consejos y perspectivas sobre las dificultades de las relaciones hoy día y me animaron a que completara este proyecto.

Notas

INTRODUCCIÓN
1. Apocalipsis 10:10.

CAPÍTULO 1
Cita inicial: Thomas Merton, *Love and Living (El amor y el vivir)* (San Diego, Calif.: Harcourt, 1985), pág. 27.
1. Elizabeth Clare Prophet, *Almas compañeras y llama gemelas* (Gardiner, Mont.: Summit Publications, Inc., 2015), págs. 71–73.
2. Adaptación de *Almas compañeras y llamas gemelas*, págs. 54–55.
3. El Morya, *The Chela and the Path (El chela y el sendero)*, (Gardiner, Mont.: Summit University Press, 1976), pág. 47.
4. Éxodo 3:14, 15.

CAPÍTULO 2
Cita inicial: Chamuel and Charity, *Perlas de Sabiduría*, vol. 29, n° 26, 11 de junio de 1986.
1. Mary Baker Eddy, *Science and Health with Key to the Scriptures (Ciencia y salud como clave de las escrituras)*, pág. 494.
2. 2 Reyes 2:11; Génesis 5:24.
3. Apocalipsis 7:9.
4. Mateo 22:11–12.

CAPÍTULO 3
Cita inicial: *Almas compañeras y llamas gemelas*, pág. 64.
1. 2 Corintios 6:14.
2. Mateo 6:34.
3. Elizabeth Clare Prophet, 10 de agosto de 1990; 6 de junio de 1986.
4. Elizabeth Clare Prophet, 6 de junio de 1986.
5. Omri-Tas, "I Will Keep the Vow" ("Guardaré el voto"), *Perlas de Sabiduría*, vol. 49, n° 1, 1 de enero de 2006.
6. Mateo 8:14; Marcos 1:30; Lucas 4:38; 1 Timoteo 3:2–4.
7. Los primeros decretos emitidos por los concilios eclesiásticos sobre el celibato sacerdotal tuvieron lugar en el Concilio de Elvira (306 d. C.) y el Concilio de Nicea (325 d. C.).
8. Isaías 54:5.

CAPÍTULO 4
Cita inicial: Carta de Henry David Thoreau a Harrison Blake, septiembre de 1852, en *The Writings of Henry David Thoreau (Los escritos de Henry David Thoreau)*, (Boston: Houghton Mifflin, 1906), vol. 6.
1. Se puede observar un aspecto de las consecuencias psicológicas/espirituales producidas por la promiscuidad a temprana edad en un estudio de más de

7.000 estudiantes de escuela secundaria de sexo femenino publicado por Rutgers School of Public Health en 2013, que afirmaba: "La prevalencia de tristeza, pensamientos suicidas, planes de suicidio e intentos suicidas aumentan en relación al número de parejas sexuales, en todos los grupos raciales/étnicos". Tyree Oredein, "The Relationship between Multiple Sexual Partners and Mental Health in Adolescent Females" ("La relación entre múltiples parejas sexuales y la salud mental en mujeres adolescentes"), *Journal of Community Medicine & Health Education*, 3:256. doi: 10.4172/2161-0711.1000256.

2. Para más información sobre ángeles caídos, véase Elizabeth Clare Prophet, *Ángeles caídos y los orígenes del mal*, (Gardiner, Mont.: Summit University Press Español, 2013).

3. El Morya, cita en Mark L. Prophet y Elizabeth Clare Prophet, *Lost Teachings on Your Higher Self (Enseñanzas perdidas sobre tu Yo Superior)*, (Gardiner, Mont.: Summit University Press, 2005), pág. 11.

4. Para más información sobre los retiros de los maestros en el plano etérico, véase Mark L. Prophet y Elizabeth Clare Prophet, *Los Maestros y sus retiros*, dos volúmenes, (Gardiner, Mont.: Summit University Press Español, 2013, 2015).

5. Génesis 1:1, 26, 27.

6. *Sushumna, ida y pingala*: Términos sánscritos para describir la sabiduría, el poder y el amor que emanan del núcleo de fuego blanco del chakra de la base de la columna y que fluye por y alrededor del altar de la columna vertebral.

7. Mark L. Prophet y Elizabeth Clare Prophet, *The Path to Attainment (El sendero hacia el logro)*, (Gardiner, Mont.: Summit University Press, 2008), págs. 46–47.

8. Las crecientes investigaciones sociológicas muestran que la orientación sexual es mucho más cambiante de lo que se creía anteriormente. Los sociólogos están descubriendo que no es poco común encontrar a personas que se identifican como homosexuales exclusivamente en un período de su vida y que comienzan una relación heterosexual posteriormente. Véase, por ejemplo, Lisa M. Diamond, *Sexual Fluidity: Understanding Women's Love and Desire (Sexualidad cambiante: cómo comprender el amor y el deseo de las mujeres)*, (Cambridge, Mass.: Harvard University Press, 2009).

9. Juan 14:30.

CAPÍTULO 5

Cita inicial: Chamuel y Caridad, *Perlas de Sabiduría*, vol. 29, n° 26, 11 de junio de 1986.

1. Stephen Stills, "Love the One You're With" ("Ama a la persona que está contigo").

2. Mateo 6:33.

3. Eric Ludy y Leslie Ludy, *When God Writes Your Love Story: The Ultimate Guide to Guy/Girl Relationships (Cuando Dios escribe tu historia de amor: Guía suprema de las relaciones chico/chica)*, (Sisters, Ore.: Multnomah Publishers, 2004).

4. La historia del viaje de Jesús a Oriente se relata en los textos pali hallados en el siglo XIX en Ladakh. Véase Elizabeth Clare Prophet, *Los años perdidos de Jesús*, (Gardiner, Mont.: Summit University Press Español, 2013).

5. C. S. Lewis, *The Four Loves (Los cuatro amores)*, (New York: Harcourt, 1991), pág. 66.

6. Joshua Harris, *I Kissed Dating Goodbye (Dije Adiós a Las Citas Amorosas)*,

Notas

(Colorado Springs: Multnomah Books, 1997), pág. 80.

7. Lewis, *Los cuatro amores*, pág. 66.

8. Ella Wheeler Wilcox, "Upon the Sand" ("Sobre la arena").

9. Cantares 8:4 (Nueva Versión Internacional).

10. Sue Patton Thoele, *Heart Centered Marriage: Fulfilling Our Natural Desire for Sacred Partnership (Matrimonio centrado en el corazón: Cómo satisfacer nuestro deseo natural de una pareja sagrada)*, (Berkeley, Calif.: Conari Press, 1996).

11. 2 Corintios 6:14.

12. Estas dos preguntas junto con los conceptos expuestos en esta sección se han extraído de una conferencia de Elizabeth Clare Prophet: "Marriage as an Initiation on the Path" ("El matrimonio como iniciación en el sendero"), 7 de octubre de 1976.

CAPÍTULO 6

Cita inicial: Chamuel y Caridad, *Perlas de Sabiduría*, vol. 29, nº 20, 11 de junio de 1986.

1. "El matrimonio como iniciación en el sendero".

2. *Almas compañeras y llamas gemelas*, págs. 102–103.

3. Juan 5:17.

4. Kahlil Gibran, *The Prophet (El Profeta)*, (New York: Alfred A. Knopf, 1923), pág. 16.

5. Elizabeth Clare Prophet, *Vials of the Seven Last Plagues (Viales de las siete plagas)*, (Gardiner, Mont.: Summit University Press, 2004), págs. 35–37.

CAPÍTULO 7

Cita inicial: Mateo 19:6.

1. "Entonces el SEÑOR Dios hizo caer un sueño profundo sobre Adán, y mientras éste dormía, tomó una de sus costillas, y cerró la carne en su lugar. Y de la costilla que el SEÑOR Dios tomó del hombre, hizo una mujer, y la trajo al hombre. Dijo entonces Adán: Esto es ahora hueso de mis huesos y carne de mi carne; ésta será llamada Mujer ["Varona" en el original], porque del varón fue tomada". (Génesis 2:21–23).

2. Mateo 19:6.

CAPÍTULO 8

Cita inicial: Elizabeth Clare Prophet, 20 de noviembre de 1980.

1. Juan 11:25.

2. El Morya, *Perlas de Sabiduría*, vol. 28, nº 23, 18 de agosto de 1985.

CAPÍTULO 9

1. Jack Kornfield, en Fred Eppsteiner, ed., *The Path of Compassion: Writing on Socially Engaged Buddhism (El sendero de la compasión: Cómo escribir sobre el budismo involucrado socialmente)*, (Berkeley: Parallax Press, 1988), pág. 27.

CAPÍTULO 10

1. Lauren Harper, "Younger Generation Shuns Divorce" ("La generación de jóvenes huye del divorcio"), *The Atlanta Journal-Constitution*, 22 de octubre de 2002.

Recursos adicionales

Las siguientes publicaciones de Elizabeth Clare Prophet profundizan más en los conceptos expuestos en este libro. Están disponibles (la mayoría en inglés) en The Summit Lighthouse, 63 Summit Way, Gardiner, MT 59030 • +1 (406) 848-9500 www.SummitLighthouse.org • TSLinfo@TSL.org

Grabaciones en audio y vídeo:
15 de junio de 1974, "Your Marriage Made in Heaven" ("Tu matrimonio hecho en el cielo").
15 de junio de 1974, "Your Marriage Made on Earth" ("Tu matrimonio hecho en la tierra").
15 de junio de 1974, "Karma, Reincarnation and the Family" ("Karma, reencarnación y la familia").
11 de octubre de 1975, "Man and Woman in Transition" ("Hombre y mujer en transición").
7 de octubre de 1976, "Marriage as an Initiation on the Path" ("El matrimonio como iniciación en el sendero").
3 de julio de 1977, "Twin Flames in Love" ("Llamas gemelas enamoradas").
21 de abril de 1978, "Twin Flames in Love".
22 de abril de 1978, "Twin Flames in Love in the Circle of Oneness" ("Llamas gemelas enamoradas en el círculo de unidad").
5 de julio de 1982, conferencia sobre llamas gemelas.
5 de julio de 1982, conferencia sobre llamas gemelas, preguntas y respuestas.
5 de julio de 1985, preguntas y respuestas sobre llamas gemelas.
17 de noviembre de 1985, preguntas y respuestas sobre llamas gemelas.

8 de junio de 1986, "Twin Flames in the Aquarian Age" ("Llamas gemelas en la era de Acuario").

20 de mayo de 1989, "The Divine Plan of Twin Flames" ("El plan divino de las llamas gemelas").

Twin Flames in Love (Llamas gemelas enamoradas) (audio, incluye las conferencias anteriores de 1978).

Twin Flames in Love (vídeo, incl. conferencia sobre llamas gemelas de 5-7-82).

Grabaciones en audio/vídeo sobre temas relacionados:

The Power of Music to Create or Destroy (El poder de la música para crear o destruir) (vídeo).

Chakra Meditations and the Science of the Spoken Word (Meditaciones en los chakras y la ciencia de la Palabra hablada) (audio).

Rosario del Niño a la Madre María (audio).

Libros sobre relaciones:

Almas compañeras y llamas gemelas.

The Path to Attainment (El sendero del logro), primer capítulo, "Twin Rays" ("Rayos gemelos").

Libros sobre temas relacionados:

La llama violeta para curar cuerpo, mente y alma.

The Science of the Spoken Word (La ciencia de la Palabra hablada).

Cómo trabajar con los ángeles.

Disponible también a través de Summit University Press:

Sacred Psychology of Love: The Quest for Relationships That Unite Heart and Soul (La psicología sagrada del amor: La búsqueda de las relaciones que unen alma y corazón), de Marilyn C. Barrick

www.ingramcontent.com/pod-product-compliance
Lightning Source LLC
Chambersburg PA
CBHW021049090426
42738CB00006B/253